essentials

Essentials liefern aktuelles Wissen in konzentrierter Form. Die Essenz dessen, worauf es als „State-of-the-Art" in der gegenwärtigen Fachdiskussion oder in der Praxis ankommt. *Essentials* informieren schnell, unkompliziert und verständlich

- als Einführung in ein aktuelles Thema aus Ihrem Fachgebiet
- als Einstieg in ein für Sie noch unbekanntes Themenfeld
- als Einblick, um zum Thema mitreden zu können

Die Bücher in elektronischer und gedruckter Form bringen das Fachwissen von Springerautor*innen kompakt zur Darstellung. Sie sind besonders für die Nutzung als eBook auf Tablet-PCs, eBook-Readern und Smartphones geeignet. *Essentials* sind Wissensbausteine aus den Wirtschafts-, Sozial- und Geisteswissenschaften, aus Technik und Naturwissenschaften sowie aus Medizin, Psychologie und Gesundheitsberufen. Von renommierten Autor*innen aller Springer-Verlagsmarken.

Gerhard Köhler · Werner Roth · Matthias Schulz

Ausschreibungen gewinnen

Vertrauen aufbauen und perfekt präsentieren

Gerhard Köhler iD
NTT DATA
Lohra, Deutschland

Werner Roth iD
NTT DATA
Detmold, Deutschland

Matthias Schulz
NTT DATA
Deisenhofen, Deutschland

ISSN 2197-6708   ISSN 2197-6716   (electronic)
essentials
ISBN 978-3-658-50922-4   ISBN 978-3-658-50923-1   (eBook)
https://doi.org/10.1007/978-3-658-50923-1

Die Deutsche Nationalbibliothek verzeichnet diese Publikation in der DeutschenNationalbibliografie; detaillierte bibliografische Daten sind im Internet überhttps://portal.dnb.de abrufbar.

Planung/Lektorat: Susanne Kramer
Springer Gabler ist ein Imprint der eingetragenen Gesellschaft Springer Fachmedien Wiesbaden GmbH und ist ein Teil von Springer Nature.
Die Anschrift der Gesellschaft ist: Abraham-Lincoln-Str. 46, 65189 Wiesbaden, Germany

Wenn Sie dieses Produkt entsorgen, geben Sie das Papier bitte zum Recycling.

Geleitwort

Als Kunde ist es für mich entscheidend, dass der Dienstleister meine spezifischen Herausforderungen und Bedürfnisse versteht und darauf von Beginn an fokussiert eingeht. Er überzeugt als versierter Ratgeber und präsentiert sich als eingespieltes und authentisches Team. Meine Erwartungshaltung ist, dass deutlich die Mehrwerte für unsere Aufgabe dargestellt werden und der Informationsfluss wertschätzend auf Augenhöhe erfolgt. Der Dienstleister sollte nicht unterschätzen, dass der Kunde ein feines Gespür mitbringt. So wird auch hinter die Angebotspräsentation geblickt, um die strategischen Ziele zu lesen.

Dieses Essential geht auf die unterschiedlichen Aspekte in kompakter Form ein und unterstützt jeden Dienstleister, sich solide vorzubereiten. Dabei gefällt mir die Betonung, den Schwerpunkt auf ein ehrliches und nachhaltiges Geschäft zu setzen, sodass eine längerfristige wertvolle und erfolgreiche Zusammenarbeit angestrebt wird.

CIO / Vice President Corporate IT dSPACE GmbH   Ioanis Pantazis
Paderborn, Deutschland

Was Sie in diesem *essential* finden können

- Kompakte Schritt-für-Schritt-Anleitung für erfolgreiche Angebotspräsentationen.
- Methoden zur überzeugenden Darstellung des Kundennutzens und individueller Ansprache.
- Tipps zur optimalen Teamzusammenstellung und Rollenverteilung.
- Innovative Tools und moderne Ansätze wie KI und Storytelling.
- Strategien für nachhaltige Wirkung, Nachbereitung und kontinuierliche Verbesserung.

Danksagung

Es ist nicht selbstverständlich, neben dem Beruf ein Buch zu schreiben. Es war uns ein Anliegen, unsere Erfahrungen und Erkenntnisse in einem kompakten Buch einem breiten Publikum vorzustellen. Wir hoffen, dass es Sie in Ihrer täglichen Arbeit unterstützt.

Der erste Dank gilt daher unseren Familien, die dieses Projekt immer unterstützt und gefördert haben. Außerdem möchten wir uns bei unseren Fachlektoren Lara Sophie Götz und Anca Muttar für ihr Engagement und ihr hilfreiches Feedback bedanken.

Einleitung

Wenn man an die perfekte Angebotssituation denkt, kommen einem lächelnde Menschen in den Sinn, die sich nach einer angeregten Diskussion die Hände reichen. Konkret erinnern wir uns an eine vierstündige Kundenpräsentation. Nach zweieinhalb Stunden stand der Geschäftsführer auf und sagte: „Wissen Sie was? Lassen Sie uns das hier abbrechen." Nach einigen Sekunden dramatischer Pause fügte er süffisant hinzu: „Wir machen das mit Ihnen! Nutzen wir doch die Zeit, um die weiteren Schritte zu besprechen."

Eine perfekte Angebotspräsentation ist weit mehr als ein professionell angefertigter Foliensatz. Bei der Zusammenfassung aller Aspekte des wichtigsten Moments der Angebotspräsentation in einem Angebotsverfahren ist zu erwarten, dass selbst 1000 Seiten nicht für eine umfassende Darstellung ausreichen. Deshalb war es uns ein Anliegen, die wichtigsten Punkte komprimiert zusammenzufassen. Mit dem vorliegenden Werk haben wir einen umfassenden und handlichen Ratgeber geschaffen, der Sie immer begleitet.

Dieses Büchlein enthält alles, was Berufseinsteiger für den ersten Präsentationstermin brauchen. Von A wie Auftritt bis Z wie Zuhörer werden die entscheidenden Schwerpunkte aller Themen praxisnah, anschaulich und mit einprägsamen Stories erklärt. Durch seine Ganzheitlichkeit enthält dieses Buch auch für gestandene Berater den einen oder anderen Tipp, der ihr Wissen über den Umgang mit Kunden vervollständigt.

Der Moment der Angebotspräsentation ist für uns lediglich der zentrale Meilenstein, die perfekte Präsentation beginnt bereits Wochen vor der Durchführung. Nach der Präsentation müssen die wahrgenommenen Botschaften interpretiert werden. Die perfekte Präsentation liefert viele Erkenntnisse, die im Team und gegenüber dem Kunden verarbeitet werden müssen.

Der rote Faden des Buches ist die Reise durch die Zeit drei Wochen vor und zwei Wochen nach der Präsentation vor dem Kunden. Dies soll es vor allem verständlicher gestalten. Selbstverständlich können die einzelnen Phasen auch länger oder kürzer sein. Je nach Situation.

Bei dem hier aufgeführten roten Faden handelt es sich nicht um einen, unter allen Umständen einzuhaltenden, Ablauf, sondern um Aspekte die beachtet werden sollten. Die hier aufgeführte Abfolge hat sich jedoch sehr oft als die richtige Vorgehensweise herausgestellt. Wir wissen aber auch, dass sich die Abfolge aufgrund von äußeren Rahmenbedingungen eventuell ändern kann.

Wir konzentrieren uns hier auf die Angebotspräsentation, und nicht auf Preisgestaltungen oder auf ein anzupassendes Lösungsdesign, sondern gehen davon aus, dass diese Rahmenbedingungen passen.

Dieses Essential bietet einen kompakten, praxisorientierten Leitfaden für die perfekte Angebotspräsentation im Ausschreibungsprozess – von der Praxis für die Praxis. Modern und anschaulich werden alle Phasen von der Vorbereitung bis zur Nachbereitung beleuchtet. Im Fokus stehen Kundennutzen, Teamarbeit, Storytelling und der gezielte Einsatz neuer Methoden wie KI. Zahlreiche innovative Tipps und konkrete Handlungsempfehlungen liefern auch erfahrenen Profis neue Impulse. Ziel ist es, nachhaltiges Vertrauen zu schaffen und durch professionelle, kundenorientierte Präsentationen den entscheidenden Unterschied im Wettbewerb zu erzielen.

Inhaltsverzeichnis

Über die Autoren

Gerhard Köhler ist Principal Consultant IT Service Management bei der Fsas Technologies GmbH mit jahrzehntelanger Erfahrung in den Bereichen Outsourcing und Outtasking auf Kunden- und Providerseite sowie auf Seiten der vom Outsourcing betroffenen Mitarbeiter.

Werner Roth ist Senior Manager GTM Practice Solutions bei NTT DATA und verfügt über eine langjährige Berufserfahrung im Bereich IT-Ausschreibungen. Er war sowohl auf der Kundenseite als auch als Programmmanager und Pre-Sales-Berater tätig.

Matthias Schulz ist Strategic Lead Architect bei NTT DATA und begleitet strategische Ausschreibungsprojekte. Mit über 20 Jahren Erfahrung in Kundenpräsentationen bringt er wertvolle praktische Erkenntnisse aus diversen Marktsegmenten ein.

Woche 1

Die Angebotspräsentation bildet in der Regel den Höhepunkt des gesamten Angebotsprozesses eines Anbieters in einer Ausschreibung. In den Wochen davor werden viele Aspekte beleuchtet und auf diesen Fokuspunkt zusammengestellt.

1.1   Herausforderungen des Kunden verstehen

Es ist von essenzieller Bedeutung, die Herausforderungen des Kunden zu verstehen. Leider beschränkt sich die Anfrage meist auf einen bestimmten Bereich, wie beispielsweise Hardware, Software oder Dienstleistungen, ohne auf die Hintergründe einzugehen. Oft muss erst herausgefunden werden, welche Werte ein Kunde mit dem angefragten Gegenstand erreichen will.

Hier hat es sich bewährt die Vorbemerkung bzw. Zusammenfassung am Anfang der Ausschreibung aufmerksam zu lesen. Oftmals werden dort grundlegende Herausforderungen beschrieben, denen der Kunde mit der Ausschreibung entgegentreten möchte. Es kann häufiger vorkommen, als man denkt, dass die Anforderungen in einer Ausschreibung nur scheinbar nicht passen. Auftraggeber kennen das Leistungsportfolio der angeschriebenen Dienstleister oft nicht genau. In gut gemachten Ausschreibungen gehen die Kunden von ihren Erfahrungen aus, daher ist ein Transfer von der Kundensicht in die Innensicht des Dienstleisters notwendig.

Wenn ein Kunde Leistungen oder Produkte verlangt, die ihm besser und effizienter helfen könnten, seine Probleme zu lösen, handelt es sich nicht um Schikane. Dienstleister sollten stets im Hinterkopf behalten, dass Kunden oft auf Unterstüt-

© Der/die Autor(en), exklusiv lizenziert an Springer Fachmedien
Wiesbaden GmbH, ein Teil von Springer Nature 2026
G. Köhler et al., *Ausschreibungen gewinnen*, essentials,
https://doi.org/10.1007/978-3-658-50923-1_1

zung angewiesen sind – sonst würden sie ihre Herausforderungen selbst bewältigen. Dennoch sollte der Dienstleister dies niemals in den Vordergrund stellen.

Ziehen Sie zusätzlich öffentlich verfügbare Informationen über den Kunden heran, die ein besseres Verständnis seiner Situation ermöglichen. Dies kann beispielsweise Hinweise auf eine angespannte finanzielle Lage oder eine kürzlich erfolgte Expansion des Unternehmens umfassen.

Branchenweite Veränderungen bei gesetzlichen Vorschriften oder regulatorischen Bedingungen können dazu führen, dass Kunden Leistungen ausschreiben. Solche Änderungen werden manchmal nur am Rande erwähnt oder sogar völlig ausgelassen, haben aber dennoch einen großen Einfluss auf das Verhalten der Kunden.

> In dem oben beschriebenen Abschnitt geht es uns um das Verständnis für den Kunden und die richtige Einstellung zur Angebotspräsentation. Denn die richtige Haltung bei der Erstellung und der Präsentation selbst ist von entscheidender Bedeutung! Stellen Sie sich vor, Sie wollen einen Kunden zu einem ersten Blind Date überreden. Hier würden Sie schließlich auch nicht als Besserwisser auftreten oder Ihren Partner bzw. Ihre Partnerin bevormunden.

Dies alles sollte in die Angebotspräsentation einfließen. Die Angebotspräsentation muss dem Kunden unbedingt das Gefühl geben, dass der Dienstleister ihn und seine Herausforderungen verstanden hat, und bereit ist, diese gemeinsam mit ihm anzugehen.

Diese Herausforderungen sollten niedergeschrieben, und im Team diskutiert werden. Damit fließen alle Meinungen und Sichten in das Verständnis für den Kunden ein. Abschließend wird die im Team vereinbarte Sicht vereinbart und findet sich dann in der Angebotspräsentation wieder.

Die wirklichen Herausforderungen des Kunden suchen und verstehen

1.2   Fokussierung Kundennutzen

Als Provider kommt es zu einem schnellen Fokusverlust auf den Kunden, da man von den eigenen Leistungen überzeugt ist. Für denjenigen, der beim Kunden präsentiert, ist diese Überzeugung von den eigenen Leistungen enorm wichtig. Denn wie Aurelis von Hippo im 5. Jahrhundert schon sagte: „Nur wer brennt, kann andere anstecken." Eine Balance ist dennoch unerlässlich. Es gilt zu vermitteln, wie die angebotenen Leistungen, die Software und die Hardware dem Kunden zugutekommen.

Dabei sollten alle Wertdimensionen, die für den Kunden von Bedeutung sind, angesprochen werden. Diese sind individuell unterschiedlich und können beispielsweise Effizienzsteigerungen, Aspekte eines Technologiewechsels oder Nachhaltigkeitskriterien umfassen. Wird sich aber nur auf die Vorteile der eigenen Leistung beschränkt, wie es z. B. vom eigenen Marketing und Portfolio Management dargestellt wurde, ist die Gefahr des Scheiterns größer.

Es ist zwingend notwendig herauszuarbeiten, wie die angebotene Lösung den Kunden dabei unterstützt seine Herausforderungen zu meistern. Beispiele, bei denen dies schon einmal funktioniert hat, entsprechende Referenzen, können hier hilfreich sein.

Die Entwicklung maßgeschneiderter Lösungen setzt eine enge Zusammenarbeit mit der Delivery-Organisation voraus. Dabei sollten Änderungen an bestehenden Standards und Abläufen nur nach gründlicher Abwägung vorgenommen werden. Wenn Anpassungen einen Mehrwert für den Kunden bieten, muss gemeinsam mit der Delivery eine überzeugende Begründung für die Änderung oder Beibehaltung der Prozesse erarbeitet werden. Im Mittelpunkt steht immer der bestmögliche Nutzen für den Kunden.

Die Aufrechterhaltung von Ehrlichkeit gegenüber dem Kunden ist oberstes Gebot. Wenn das Vertrauen des Kunden durch doppeldeutige Kommunikation verloren geht, weil man meint, so jeden Auftrag gewinnen zu können, ist das ein Tiefpunkt. Nach einem solchen Vertrauensverlust ist es für eine Organisation äußerst schwierig, neue Aufträge zu akquirieren. In der Regel wird auch die Erbringung der angebotenen Leistung über die Vertragslaufzeit hinweg zur Herausforderung. Oftmals gehen durch die folgenden Streitigkeiten sogar Gewinne verloren.

> Wie wird die angebotene Lösung den Kunden dabei unterstützt seine Herausforderungen zu meisten?

1.3 Rote Linien und Verbindlichkeit

Egal wie sorgfältig man sich auf die Beantwortung eines Angebotes und die Angebotspräsentation vorbereitet, der Kunde wird oftmals die eine oder andere Anpassung wüschen. Es empfiehlt sich daher, im Vorfeld mit dem Management abzustimmen, inwieweit von dem in der Präsentation dargestellten Angebot abgewichen werden kann. Insbesondere sollten „rote Linien" festgelegt werden. Diese dürfen nicht überschritten werden.

Dies trägt zur Verbindlichkeit bei der Angebotspräsentation bei. Einem sehr wichtigen Baustein auf dem Weg zur Beauftragung durch den Kunden. Zur besseren Vermittlung zwischen den Positionen kann es ratsam sein, Mitglieder der Geschäftsführung zur Angebotspräsentation mitzunehmen.

Es ist in Ordnung, in einer Angebotspräsentation Themen zur Klärung und zur späteren Beantwortung aufzunehmen. Niemand wird alles, was ein Kunde fragen könnte, im Vorfeld wissen und sich darauf vorbereiten können. Deshalb ist es wichtig, sich über die eigenen Grenzen im Klaren zu sein, innerhalb derer Abweichungen vom Plan und Zugeständnisse möglich und erlaubt sind.

Erarbeiten Sie auch, warum die roten Linien wichtig sind, sodass der Kunde versteht, dass es auch für ihn von Nachteil sein kann, diese zu überschreiten. Je eindeutiger und verbindlicher man in einer Angebotspräsentation ist, desto größer ist das Vertrauen, dass man beim Kunden für die eigene Lösung und sich als den richtigen Partner schaffen kann.

> Definieren der roten Linien und Schaffen von Verbindlichkeit bei der Angebotspräsentation.

1.4 Limitierung auf Zeit

Der Kunde wird in der Einladung zur Angebotspräsentation einen zeitlichen Rahmen vorgeben. Dieser Zeitrahmen wird von Rahmenbedingungen beim Kunden beeinflusst.

Die Frage nach einer Erweiterung des Zeitrahmens für die Angebotspräsentation sollte nicht gestellt werden. Ein sehr enger Zeitrahmen kann verschiedene Gründe haben. Es lohnt sich jedoch, diese Gründe beim Kunden zu erfragen, da es sich um eine bewusste Verknappung der Information und Kommunikation handelt.

Die an einer Angebotspräsentation Beteiligten, auch wenn sie selbst nicht vor Ort sind, werden immer versuchen, ihren eigenen Teil möglichst detailliert und gut darzustellen. Machen Sie sich bewusst, dass der Nutzen Ihrer Lösung für den Kunden im Vordergrund steht. An zweiter Stelle steht das Vertrauen, welches der Kunde in Ihnen als den richtigen Partner für die kommenden Jahre sieht.

Versuchen Sie die Gliederung Ihrer Angebotspräsentation nach diesen beiden Kriterien aufzuteilen. Es empfiehlt sich nicht, der Vorstellung des eigenen Unternehmens die gleiche Zeit einzuräumen, wie der Vorstellung der Lösung und der, des Nutzens für den Kunden.

Berücksichtigen Sie bei Ihrer Angebotspräsentation auch die Vorstellungsrunde: Manche Teilnehmer stellen sich ausführlich vor, andere beschränken sich auf Name und Position. Wenn Sie kurze Vorstellungen bevorzugen, beginnen Sie selbst und geben den Ton an – das spart meist Zeit.

Machen Sie sich darüber Gedanken, ob Sie Fragen lieber am Ende der Präsentation zulassen wollen, oder direkt während der Präsentation. Im letzteren Fall müssen Sie konsequent auf die Einhaltung Ihrer Zeit achten, da Zwischenfragen auch Ihre komplette zeitliche Planung durcheinanderbringen können, und Sie am Ende möglicherweise nicht mehr alles vorstellen können.

Räumen Sie am Ende noch Zeit für nächste Schritte ein.

> Größter zeitlicher Anteil auf die Lösung und den Kundennutzen. Fragen am Ende oder zwischendurch? Nächste Schritte nicht vergessen.

1.5   Interne Abstimmungen

Es gibt nichts Schlimmeres, als unabgestimmt in eine Kundenpräsentation zu gehen. Gerade in größeren Unternehmen kommt es leider häufig vor, dass es mehrere Abteilungen und unterschiedliche Organisationen mit unterschiedlichen Aufgabenbereichen gibt. Häufig haben diese Organisationseinheiten eigene Vertriebseinheiten mit eigenen Zielen, die von denen der anderen Vertriebseinheiten abweichen. Kommen dann noch externe Partner hinzu, wird es besonders interessant.

Als Beispiel dient nun einen IT-Dienstleister, der Hardware und Softwarelizenzen vertreibt. Sowie einen der IT-Services entwickelt und vertreibt. Es handelt sich also um eine Vertriebsorganisation, die IT- Services und Hardware unabhängig voneinander anbietet. Sowie eine weitere Vertriebsorganisation, deren Ziel es ist, Hardware zu vertreiben. Softwarelizenzen und Lösungen eines weiteren Partners können beide anbieten.

Die Vertreter dieser drei unterschiedlichen Einheiten treten nun gemeinsam zur gleichen Zeit beim Kunden auf. Sie wollen ihre Dienstleistungen und Produkte anbieten.

Gibt es nicht? Leider doch. Denn meistens haben Konzerne ein CRM-Tool (Customer Relation Management), in dem die Informationen zu einem Kunden gespeichert werden, und auf das alle Mitarbeiter des Vertriebs Zugriff haben. Es gibt demnach nur einen Kunden, den alle Teile der gesamten Vertriebsorganisation ansprechen können. Oft fehlt hier aber ein übergeordneter Vertriebsmitarbeiter, der die unterschiedlichen Organisationen des Konzerns für diesen einen Kunden steuert. Dies geschieht z. B. wenn die unterschiedlichen Organisationen in rechtlich voneinander getrennte Gesellschaften (Mutterkonzern und Tochtergesellschaften) aufgeteilt sind.

Stellen Sie vor dem Termin mit dem Kunden sicher, dass sich die Parteien untereinander abstimmen und die Interessen aller Parteien vorgestellt werden, sodass niemand den Eindruck erhält, andere Parteien würden sich in den Vordergrund stellen. Sollten die unterschiedlichen Ziele der Parteien, die zum Kunden gehen möchten, sich nicht vereinbaren lassen, stellen Sie sicher, dass es mehrere Termine gibt, um beim Kunden zu präsentieren.

Die Festlegung von Prioritäten in Zusammenarbeit mit dem Management kann ebenfalls hilfreich sein, um eine Entscheidung über das Hauptthema beim Kunden herbeizuführen. Es gibt kaum etwas Schlimmeres, als wenn zwei oder mehr Vertriebsmitarbeiter desselben Unternehmens vor dem Kunden versuchen, ohne Absprache die eigenen Leistungen über die Leistungen oder Produkte der Kollegen zu stellen.

Der Kunde wird das Vertrauen in Ihre gesamte Organisation verlieren und die Wahrscheinlichkeit, dass er seine Leistungen und Produkte vollständig bei der Konkurrenz bezieht, ist extrem hoch!

> Unabgestimmte Kundenpräsentationen in großen Unternehmen führen häufig zu Konflikten zwischen verschiedenen Vertriebseinheiten und Partnern, was das Vertrauen des Kunden in die gesamte Organisation gefährdet.

In der zweiten Woche stehen Text- und Gestaltungsarbeit im Mittelpunkt. Die Informationen, die in den zurückliegenden Monaten im Zusammenhang mit der Ausschreibung erarbeitet wurden, müssen an dieser Stelle auf das Wesentliche reduziert werden. Es geht darum, die richtige Struktur zu finden, damit sich der Kunde wiederfindet. Die Präsentation sollte die Vorteile herausstellen und zum Nachfragen anregen. Sie sollte auch eine gewisse Offenheit vermitteln, um die richtigen Kompromisse finden zu können.

2.1 Die initiale Präsentation gestalten

Wichtige Grundlage für eine gelungene und professionelle Präsentation ist eine fertige Präsentationsvorlage im Corporate Design, also im Erscheinungsbild Ihres Unternehmens. Nahezu jedes Unternehmen verfügt über fertige Vorlagen und Layouts. In größeren Unternehmen gibt es oft ein Designhandbuch, in dem die wichtigsten Gestaltungsmerkmale festgehalten sind.

Unternehmen investieren hier üblicherweise viel, um eine einheitliche Außendarstellung sicher zu stellen. Gelegentlich gibt es eine eigene Abteilung, die bei der Erstellung spezifischer Präsentation unterstützt oder die Erstellung auf Basis des Inputs aus dem Projekt ganz erstellt. Häufig ist es jedoch so, dass diese im Projektteam selbst liegen. Es ist hilfreich, einen Standard, bzw. eine eigene Vorlage für das Team festzulegen, das Inhalte zuarbeitet. Damit erspart man sich Zeit bei der Finalisierung.

Typische Fehler:

- **Aus unterschiedlichen Präsentationen werden Folien zusammen kopiert**
  Damit werden die verschiedenen Folienmaster in den Foliensatz ebenfalls übernommen und die Präsentationsdatei wird unter Umständen sehr groß.
  Das Design der einzelnen Folien wird aufgrund unterschiedlicher Designstile inkonsistent.
- **Diagramme werden nicht in skalierbaren Formaten eingefügt**
  Häufig findet man in Präsentationen Bilder mit schlechter Auflösung und wirkt damit unprofessionell. Wenn möglich, sollte beim Einfügen stets auf das Format SVG oder PNG zurückgegriffen werden. Die Formate JPG, BMP oder GIF sind für viele Zwecke ungeeignet. Insbesondere die beiden letztgenannten Formate können die Dateigröße der Präsentationen erheblich erhöhen.
- **Grafiken sind nicht im Original verfügbar**
  Ein Teammitglied fügt ein Bild ein, hat aber das bearbeitbare Original auf seinem Laptop lokal gespeichert. Änderungen für das Team sind dann nur sehr aufwändig möglich, wenn der Ersteller nicht greifbar ist. Es empfiehlt sich daher immer, alle bearbeitbaren Original-Grafiken in einer separaten Datei zu speichern.
- **Bilder werden verzerrt**
  Es passiert sehr häufig, dass Bilder verzerrt werden und die originalen Proportionen gehen verloren. Das passiert, weil Bilder nur an einer Ecke „gezogen" werden. Praxistipp für Microsoft PowerPoint: Zum Vergrößern oder Verkleinern die <UMSCHALT>-Taste gedrückt halten. Die Größenverhältnisse bleiben so erhalten.
- **Lascher Umgang mit Copyright**
  Das Kopieren von Inhalten aus unbekannten Quellen oder aus dem Internet stellt oft eine Urheberrechtsverletzung dar. Erkundigen Sie sich nach den Nutzungsrechten. Achten Sie auch darauf, ob Sie das Kundenlogo verwenden dürfen. Bringen Sie auf jeder Folie einen Copyright-Vermerk an. Dieser schränkt in der Regel die Nutzungsrechte auf die Zielgruppe des Auftraggebers ein. Gehen Sie bei Konzernen explizit auf die Konzernstruktur ein, z. B. durch Einbeziehung aller Tochtergesellschaften. Nutzt der Kunde einen Berater, sollten diesem nur Rechte im Rahmen des Verfahrens eingeräumt werden.

Bevor an den Inhalten gearbeitet wurde, benötigt man Klarheit über die wesentlichen Aspekte.

Botschaften und Kontext: Die richtige Balance finden

Welche Ziele sollen mit dieser Präsentation erreicht werden? Grundsätzlich soll dem Kunden ein bestimmter Angebotsumfang dargestellt und erläutert werden. Oft gibt es jedoch auch andere Ziele. Beispielsweise kann es das Ziel sein, bestimmte Stakeholder auf die eigene Seite zu ziehen, das Kundenteam persönlich kennenzulernen oder das eigene Unternehmen und dessen Leistungsfähigkeit darzustellen. Daraus resultiert, dass zusätzlich Botschaften oder Inhalte aufgenommen werden, die nur bedingt mit dem eigentlichen Angebot zu tun haben. Dabei ist darauf zu achten, den Kontext zum eigentlichen Thema nicht zu verlieren. Markieren Sie zusätzliche Inhalte, die nicht im Kern liegen, um diese in einem zweiten Schritt kürzen zu können. Konzentrieren Sie sich auf den Zeitplan und reservieren Sie Zeiten für Kundenthemen und Diskussionen. Zusätzliche Inhalte und Reservematerial werden nur selten benötigt.

Struktur und Logik in Präsentationen

Bei einer guten Präsentation gibt es immer einen „roten Faden". Das bedeutet, dass die Inhalte fachlich und logisch aufeinander abgestimmt sind und eine Erzählstruktur (Storyline) bilden. Es empfiehlt sich zu Beginn zu überlegen, welche Inhalte transportiert werden sollen. Dazu können die Themen z. B. im Rahmen eines Brainstormings mit dem Angebotsteam und bei Bedarf mit weiteren Inputgebern gesammelt werden. Einfache analoge oder digitale Haftnotizen sind hierfür ein gutes Hilfsmittel. (siehe Abb. 2.1).

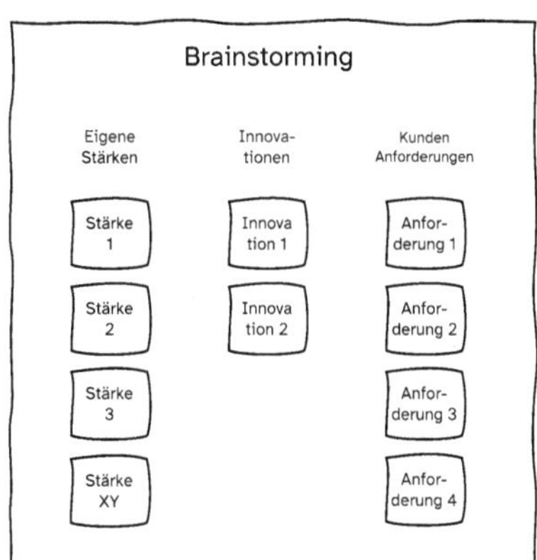

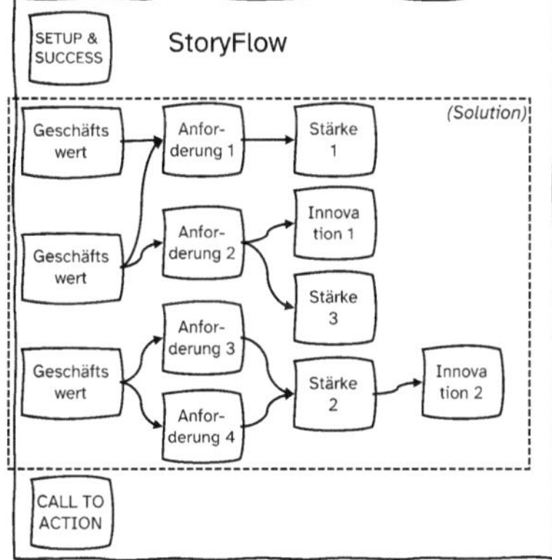

Abb. 2.1   Brainstorming und Storyflow entwickeln

Diese können dann anhand der Erzählstruktur sortiert werden. Häufig entwickelt sich aus dem zahlreichen Input dann automatisch eine Struktur. Ein mögliches Vorgehen ist nach dem Prinzip „Setup > Success or Problem > Solution > Call to Action". Das Ergebnis aus dem Brainstorming zahlt hier insbesondere auf den Teil „der eigenen Lösung bzw. des Angebotes" ein. Die Strukturierung nach Geschäftswerten hilft dem Kunden den Wert der Lösung, der präsentiert wird, besser zu verstehen. Mit der Verwendung kundenspezifischer Begriffe und Sprache erhöht sich der Wiedererkennungswert für den Kunden in der präsentierten Lösung.

▶ Praxistipp: Am Ende dieses Brainstormings können die Punkte bereits auf die Folien übertragen werden. Dies kann in separaten Kästchen geschehen, die später wieder gelöscht werden können. Idealerweise legt das Team bereits fest, wie viele Minuten für bestimmte Themenblöcke aufgewendet werden sollen. Dies beeinflusst auch die Story und den Umfang.

Personalisierte Inhalte: Die Bedeutung der Zielgruppe

Wer wird an der Präsentation teilnehmen und was erwarten diese Teilnehmer von der Präsentation? In der Regel gibt es Vertreter aus unterschiedlichen Disziplinen. Das können Personen aus dem betroffenen Fachbereich sein, dem Einkauf, angrenzende Fachbereiche, die indirekt von dem Angebot betroffen sind oder auch externe Berater. All diese Gruppen verfolgen unterschiedliche Interessen. Wichtig ist auch, die einzelnen Teilnehmenden direkt einzuschätzen. Oft sind einige Stakeholder aus dem Zielpublikum aus bestehender Zusammenarbeit bekannt. Das Wissen über die Persönlichkeiten und spezifischen Erwartungshaltungen beeinflusst maßgeblich die gezeigten Inhalte und Verlauf. Es kann vorkommen, dass wichtige Personen nur teilweise anwesend sein können. Auch dann ist dieser Umstand im Ablauf zu berücksichtigen.

Umfang der Präsentation

Überlegen Sie, wie und wieviel Inhalt auf die Folien verteilt werden soll. Planen Sie insbesondere, wie viele Minuten Sie pro Folie aufwenden möchten. Die Folien sollten nur Stichpunkte enthalten, keine langen Romane. Wenn sie KI-Tools wie

Moderationskarte Zeitmanagement

Thema	Wer	1				5				10				15				20
Intros																		
Pausen																		
Aktionen																		
Verabschieden																		
Geschäftswerte																		
Verbesserungen																		
Service A	Alice																	
Service B	Bert																	
Service C	Carsten																	
Transformation	Dagmar																	
T&M	Elisa																	

Abb. 2.2 Moderationskarte mit Erzählstruktur und Zeitplan

ChatGPT oder Copilot zur Zusammenfassung verwenden möchten, beachten sie die datenschutzrechtlichen Konsequenzen. Unter Umständen gelangen Inhalte auf diese Weise in den öffentlichen Raum.

Besteht Klarheit über diese Punkte, folgt die Festlegung der Folienanzahl. Erfahrene Teams legen diese gleichzeitig mit der Erzählstruktur fest (Beispiel für eine gute Strukturierung siehe Abb. 2.2). Dies ist meist ein iterativer Prozess, bei dem sich die Folienanzahl im Laufe der Erstellung ändert. Grundsätzlich gilt: Je weniger Folien, desto besser. Pro Folie sollten mindestens drei Minuten freier Vortrag eingeplant werden. Legen Sie frühzeitig fest, wann Diskussionen oder Fragen zugelassen werden sollen. Informieren Sie das Publikum zu Beginn, dass Fragen jederzeit, nach jedem Abschnitt oder am Ende gestellt werden können. Die Entscheidung hängt davon ab, ob man den Fluss der Präsentation aufrechterhalten oder Fragen direkt klären möchte.

> ▶ Praxistipp: Fragen während der Präsentation regen die Diskussion an. Je mehr der Kunde während des Treffens zu Wort kommt, desto besser sind die Ergebnisse des Termins. Der Moderator muss also die Zeit gut einteilen. Dazu gehört auch die Kunst, Abschweifungen zu einem anderen Thema zuzulassen und diese Zeiten diesem Thema zuzuordnen.

Eine erfolgreiche Präsentation benötigt eine konsistente Vorlage, klare Ziele, einen roten Faden, Stakeholder-Berücksichtigung und prägnante Folien.

2.2   Aufbereitung des Angebotsmaterials

Eine gute Präsentation zeichnet sich dadurch aus, dass der Kunde das Gefühl hat, sie sei speziell für ihn erstellt worden. Generische Folien sollten nach Möglichkeit vermieden werden. Ausnahmen sind Unternehmens- oder Portfolio-Darstellungen. Insbesondere für den angebotsspezifischen Teil ist eine kundenspezifische Anpassung unerlässlich. Hier ist das Wiederverwenden alter Kundenpräsentationen abträglich, da es von der ursprünglichen Story ablenkt. Unter anderem können die folgenden Elemente helfen, die Präsentation kundenindividuell zu gestalten:

- **Kundenlogo**
  Es ist üblich, das Logo des Auftraggebers in die Präsentation aufzunehmen. Bitte klären Sie im Einzelfall, ob das Kundenlogo verwendet werden darf. Achten Sie darauf, dass die Logos wirklich zu diesem Teil des Unternehmens gehören, aktuell sind und nicht verändert wurden.
- **Kundenfarben für kundenspezifische Inhalte**
  Die Verwendung von Kundenfarben in bestimmten Elementen kann nützlich sein. Dies gilt z. B. für die Darstellung von Verantwortlichkeiten in einem Liefermodell oder für die Hervorhebung von Ländern auf einer Karte. Es kann vorkommen, dass die Farben aus dem eigenen Corporate Design und die Farben des Kunden ähnlich oder gar identisch sind. Dann empfiehlt es sich in solchen Darstellungen, kundenspezifische Darstellungen mit den kundenspezifischen Farben den Vorzug zu geben und die für die eigene Organisation einen anderen Farbton zu wählen.
- **Sprache des Kunden**
  In Fachbereichen existieren spezifische Begriffswelten, wobei Kunden oft andere Begriffe oder Bedeutungen verwenden als im eigenen Unternehmen üblich. Die Verwendung der Sprache des Kunden in Präsentationen und Angeboten ist ratsam. Das vermittelt eine glaubhafte Wahrnehmung, dass die Präsentation kundenspezifisch erstellt wurde. Im eigenen Team muss ein einheitliches Verständnis zu mehrdeutigen Begriffen geschaffen werden.

Eine gute Präsentation nutzt Kundenlogos, -farben sowie eine kundenspezifische Sprache für eine maßgeschneiderte Ansprache.

2.3 Ausarbeiten von konkreten Inhalten

Festlegung einer Struktur der Präsentation

Bevor Sie mit der Ausarbeitung des Angebots beginnen, sollten Sie sich über die folgenden Punkte im Klaren sein. Schreiben Sie diese Punkte auf und arbeiten Sie sie mit dem Angebotsteam aus.

1. Wer ist unsere Zielgruppe?
2. Welche unterschiedlichen Erwartungshaltungen haben die einzelnen Zielgruppen?
3. Was sind die wichtigsten Botschaften, die wir als Unternehmen dem Kunden vermitteln möchten?
4. Welche Informationen müssen zwingend in der Präsentation enthalten sein?
5. Wieviel Zeit steht während des Termins insgesamt zur Verfügung? Wie viele Minuten sollen für Vorstellungsrunde, inhaltliche Präsentation, Fragen und Antworten sowie weitere Themen jeweils vorgesehen werden?
6. Wie viele Minuten sind pro Folie vorgesehen?
7. Gibt es Demos oder Videos, die vorbereitet und gezeigt werden sollen?
8. Erhält der Kunde die gezeigte Präsentation? Wann wird die Präsentation verschickt, eventuell vor dem Termin?

Keine langweiligen Standardfolien verwenden

Der größte Teil der Ausarbeitung befasst sich mit dem Ausarbeiten der Inhalte der Präsentation. Ein entscheidender Erfolgsfaktor ist: Jede Präsentation wird individuell auf den Kunden und die Ausschreibung zugeschnitten. Soweit es möglich ist, sollten dem Kunden bekannte Standardfolien, z. B. zu Unternehmensdaten, auf das unbedingt notwendige Maß reduziert werden. Dies trifft insbesondere dann zu, wenn es bereits bestehende Kundenbeziehungen und aktuelle Projekte gibt. Aber auch bei neuen Kunden sollten keine Standardfolien verwendet werden.

In beiden Fällen ist es besonders hilfreich, das Angebot auf die Aspekte des eigenen Unternehmens anzupassen bzw. zu beschränken, die direkten Bezug zu den Kundenanforderungen haben. Beispielsweise können Sie statt „Unser Unternehmen hat 10.000 Mitarbeiter" auf die Ausschreibung Bezug nehmen und diese Angabe präzisieren: „Davon sind 1500 Mitarbeiter SAP-Berater und 3000 Entwickler sowie 500 Mitarbeiter im End User Application Support".

Dieses Prinzip gilt grundsätzlich für alle Folien und alle Themen, die beim Kunden präsentiert werden.

Was macht eine gute Präsentation aus?

Auch wenn es banal klingt: Eine gute Präsentation wird glaubwürdig, wenn der Präsentierende das Thema beherrscht. Dies zeigt sich gegenüber dem Kunden oft darin, dass eigene Erfahrungen einfließen. Es geht nicht so sehr darum, besonders detailliert über das eigene Portfolio berichten zu können. Erzählen Sie von Ihren Erfahrungen, überfrachten Sie die Folien nicht.

- Niemals nur Text zeigen, sondern immer durch passende Bilder oder Symbole ergänzen (siehe Abb. 2.3, linke Seite)
- Maximal drei bis fünf Stichpunkte pro Folie bestehend aus drei bis sieben Wörtern je Punkt
- Besser eine Grafik oder ein strukturiertes Schaubild verwenden, statt viel Text als Erklärung zu nutzen (siehe Abb. 2.3, rechte Seite)
- Besser wenige Folien zeigen und einzelne Folien ausführlich diskutieren, statt 100 Folien in 60 min zu zeigen

Generative KI-Tools werden heutzutage gerne für die Erstellung von Bildern eingesetzt, um Zeit zu sparen. Klären Sie vorab, ob dies mit Ihren Unternehmensrichtlinien vereinbar ist.

▶ **Drei Tipps für überzeugende Vorträge**
Praxistipp 1: Die Verwendung von Sprechernotizen kann ein nützliches Instrument während der Präsentation sein. Sie sind eine Hilfe zur Vermeidung des Vergessens von Themen, die nur über die Tonspur vermittelt werden sollen.

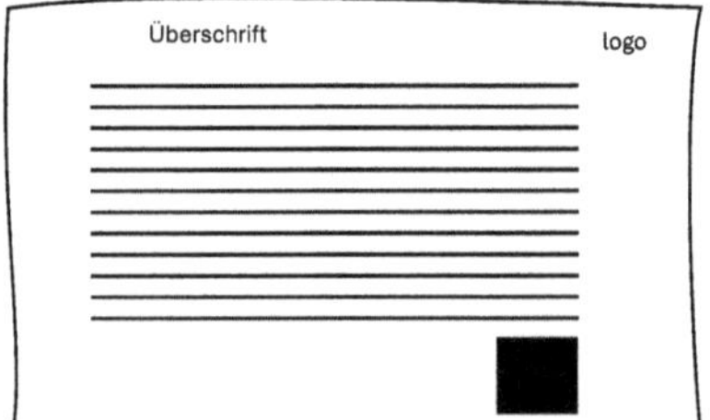

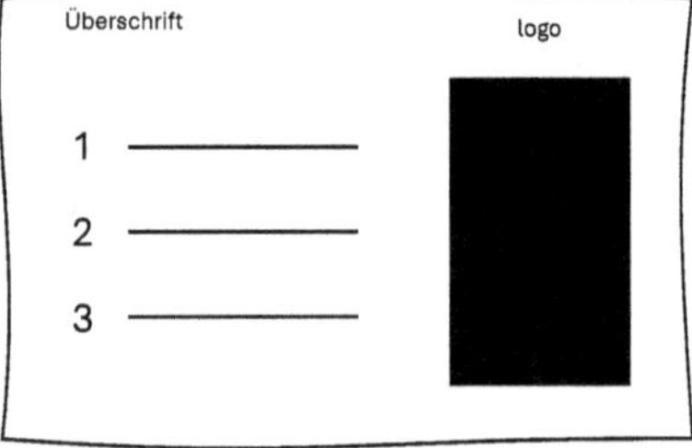

Abb. 2.3 Schematisches Beispiel für ungeeignetes Layout (links) und klares Aussagen (rechts)

Praxistipp 2: Weniger ist mehr, planen Sie mindestens drei, idealerweise fünf Minuten pro Folie ein. Das hilft bei der Beschränkung auf das Wesentliche und gibt dem Publikum die Möglichkeit, dem Vortrag besser zu folgen.

Praxistipp 3: Menschen neigen dazu, ihr Wissen zeigen zu wollen. Dies gilt auch für erfahrene Fachleute, die sich dieser Problematik bewusst sind. Auch diese produzieren viel zu viele Details. Sie sollten bei der Erstellung von Inhalten immer daran denken, dass sie ihre Inhalte auch einem Siebenjährigen verständlich machen können. Seien Sie versichert, dass ihre Inhalte niemals zu wenig Details enthalten werden.

Verfolge eine Erzählstruktur, erzeuge einen roten Faden

Der Aufbau einer Präsentation entscheidet oft darüber, ob die Zuhörer die Präsentation interessant finden. Dieser oder ein ähnlicher Aufbau ist häufig anzutreffen:

1. Begrüßung und Vorstellungsrunde
2. Vorstellung des anbietenden Unternehmens
3. Verständnis der Anforderung
4. Vorstellung der Lösung
5. Zeitliche und finanzielle Sicht
6. Fragen und Antworten
7. Nächste Schritte

Eine solche Erzählstruktur ist eingeübt, aber ein Garant für Langeweile. Interessanter für den Kunden könnte da beispielsweise ein Vorgehen nach (Simmons 2025) sein:

1. SETUP:
   - Welche Ausgangsituation liegt vor und welche Anforderungen sind bekannt?
2. SUCCESS oder PROBLEM
   - Gibt es gemeinsame Erfolge, die bereits gemeistert wurden. ODER
   - Welche Erkenntnisse über die Herausforderungen beim Kunden wurden identifiziert?
3. REWARD oder SOLUTION
   - Welche Verbesserungen wurden erzielt? ODER
   - Wie hilft der eigenen Lösungsansatz die identifizierten Geschäftsherausforderungen gezielt zu adressieren und zu lösen?

4. CALL TO ACTION
- Welche Handlungsempfehlungen können gegeben werden? Welche konkreten weiteren Schritte gibt es nach diesem Termin?

Zusammenfassend kann gesagt werden, dass eine gut durchdachte Struktur ein guter Leitfaden dafür ist, welche konkreten Inhalte präsentiert werden sollen und welche nicht, und dass eine klare Strukturierung der Inhalte für die Teilnehmer von Vorteil ist.

> Eine erfolgreiche Präsentation benötigt eine zielgruppenspezifische Struktur, relevante Inhalte und visuelle Elemente für eine ansprechende und verständliche Storyline.

2.4   Das rhetorische Dreieck von Aristoteles

Der griechische Philosoph Aristoteles (4. Jh. v. Chr.) ist für seine umfassenden Beiträge zur Philosophie, Wissenschaft und Rhetorik bekannt. (Johnson-Miles 2022) Eines seiner wichtigsten rhetorischen Konzepte ist das sogenannte rhetorische Dreieck, das aus den drei Überzeugungsmitteln Logos, Ethos und Pathos besteht

Wir möchten an dieser Stelle diese sehr bekannte Methode vorstellen (siehe Abb. 2.4). Bei einer Kundenbeziehung geht es um Glaubhaftigkeit und Vertrauen. Beides baut man in wesentlichen Teilen durch eine gute Kommunikation auf. Diese Methodik wird häufig im Marketing verwendet. Und darum geht es bei einer Angebotspräsentation auch. Was sind also die Elemente, die Aristoteles beschrieben hat?

Logos

Logos bezieht sich auf die logische Argumentation und die rationale Beweisführung. In der Rhetorik nach Aristoteles bedeutet Logos die Überzeugung durch Folgerichtigkeit und Beweise. Es geht darum, das Publikum durch klare, logische Argumente und nachvollziehbare Fakten zu überzeugen. Logos ist entscheidend, um die intellektuelle Zustimmung des Publikums zu gewinnen, indem es die Vernunft anspricht und strukturiert argumentiert.

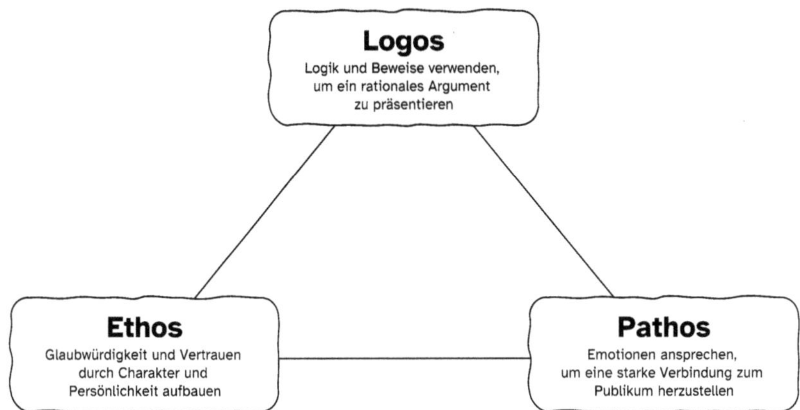

Abb. 2.4 Das rhetorische Dreieck von Aristoteles

Ethos

Ethos betrifft die Glaubwürdigkeit und Autorität des Sprechers. Aristoteles sah Ethos als einen wesentlichen Faktor an, um Vertrauen beim Publikum aufzubauen. Es umfasst Aspekte wie den Charakter, die Kompetenz und die Integrität des Redners. Ein Sprecher mit starkem Ethos wird als vertrauenswürdig wahrgenommen, was seine Argumente überzeugender macht. Ethos appelliert an die moralischen Werte und Tugenden des Publikums und stärkt damit die Glaubwürdigkeit der präsentierten Botschaft.

Pathos

Pathos zielt darauf ab, die Emotionen des Publikums anzusprechen. Es nutzt emotionale Appelle, um das Publikum zu bewegen und eine tiefere Verbindung zu schaffen. Pathos kann durch Geschichten, Metaphern oder rhetorische Fragen verstärkt werden. Die emotionale Beteiligung des Publikums kann dessen Bereitschaft erhöhen, sich auf das Argument einzulassen und es zu akzeptieren.

Diese drei Elemente beziehen sich aufeinander und bilden zusammen eine wirkungsvolle Kommunikationspraxis. Das Konzept von Aristoteles zeigt, dass eine überzeugende Rede sowohl auf logischen Argumenten als auch auf emotionaler Ansprache und persönlicher Glaubwürdigkeit beruhen muss.

Aristoteles' rhetorisches Dreieck, bestehend aus Logos, Ethos und Pathos, beschreibt die wesentlichen Elemente einer überzeugenden Rede, die auf logischen Argumenten, emotionaler Ansprache und persönlicher Glaubwürdigkeit basiert.

Woche 3

3

Das präsentierende Team muss den Kunden überzeugen. Dafür müssen die richtigen Vertreter aus dem bisherigen Kernteam ausgesucht werden. Typischerweise kommen auch einige Personen aus dem Management hinzu. Nicht zu vergessen: Für das Einüben des Kundentermins benötigen wir Sparringspartner, die das Team trainieren, coachen und herausfordern.

3.1 Das richtige Team zusammenstellen

In Schulungen wird oft die Frage gestellt: „Wie stelle ich das richtige Team für die Kundensituation zusammen?" Eine direkte Antwort wäre: „Das kommt auf die Kundensituation an." Für ein solches Essential ist das jedoch keine passende Antwort. Deshalb nähern wir uns dieser entscheidenden Frage mit einfachen Regeln.

Die erste Regel lautet, nicht mehr Personen zu einem Termin mitzunehmen, als auf Kundenseite anwesend sein werden. Es sei denn, der Kunde wünscht dies ausdrücklich. Der Vertrieb muss sich daher frühzeitig erkundigen, wer auf Auftraggeberseite anwesend sein wird, um die Anzahl und die Erwartungen der Kundenvertreter einschätzen zu können. Diese Regel ist auch in Sondersituationen ernst zu nehmen. Ein extremes Beispiel könnte ein Konzern sein, der unter höchster Geheimhaltung ein Outsourcing evaluiert, weshalb nur die IT-Leiterin, ein Programm-Manager und eine externe Beraterin im Raum sein werden. Nutzen Sie diese Intimität und versuchen Sie, Ihr Team auf drei Personen zu reduzieren, auch wenn die Ausschreibung technisch äußerst umfangreich ist.

Die nächste Regel ist die Zusammenstellung des eigenen Teams nach Relevanz. Eine Stakeholder-Analyse der Kundenvertreter sollte bei dieser Einschätzung helfen.

© Der/die Autor(en), exklusiv lizenziert an Springer Fachmedien Wiesbaden GmbH, ein Teil von Springer Nature 2026
G. Köhler et al., *Ausschreibungen gewinnen*, essentials,
https://doi.org/10.1007/978-3-658-50923-1_3

Stakeholder Analyse

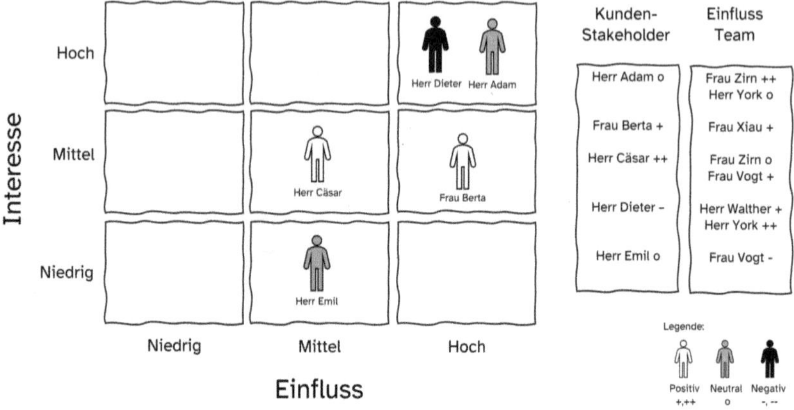

Abb. 3.1   Cheat-Sheet Stakeholder Analyse

Welche positiv eingestellten Entscheidungsträger müssen unterstützt werden? Welche Herausforderer müssen mit Fakten besänftigt werden? Gibt es Gegner des Konzepts, denen aktiv begegnet werden muss? Eine solche Analyse kann von einem erweiterten Team in zwei bis vier Stunden am Whiteboard erarbeitet werden (siehe Abb. 3.1).

Ein häufiger Fehler ist die Priorisierung nach Hierarchie bei der Teamzusammenstellung. So ist es z. B. bei einem Neukunden wünschenswert, dass ein Vertreter der Geschäftsleitung an dem Termin teilnimmt, um die Wertschätzung für den Neukunden zu zeigen. Es ist jedoch nicht notwendig, dass weitere Personen mit rein repräsentativen Aufgaben an dem Termin teilnehmen.

Häufig wird aus fachlicher Sicht der Fehler gemacht, zu viele Spezialisten zu einem Termin einzuplanen. In enger Abstimmung mit dem zentralen Architekten sollte die Teilnehmerzahl daher deutlich verringert werden. Falls der Auftraggeber bestimmte Themen vertieft besprechen möchte, kann als Kompromiss vereinbart werden, dass einzelne Spezialisten zusätzlich vertraute Themen aus früheren Projekten übernehmen.

Nutzen Sie alle Personen, die nicht in die Endauswahl gekommen sind, als Spezialisten für die nun anstehende Trainingsphase.

> Die Zusammenstellung des richtigen Teams für eine Kundensituation erfordert eine sorgfältige Abstimmung der Teilnehmerzahl und Relevanz, basierend auf den Erwartungen und Interessen der Kundenvertreter.

3.2   Zentrale Rollen, Vortrag und Regie

Nun werden auf der Grundlage der Präsentation die Rollen und die zu präsentierenden Abschnitte festgelegt. Diese Vorgehensweise ist meist unproblematisch. Wichtig ist, dass der Auftraggeber die Freiheit hat, die Angebotspräsentation in seinem Sinne zu lenken. Eine starre Einteilung und eine theaterähnliche Übungsphase können hier schädlich sein. Bevor das Team gemeinsam übt, sollten die Teammitglieder ihren Präsentationsteil verinnerlichen. Das heißt, sie müssen ihn allein üben. So lange, bis sie einen freien Vortrag beherrschen.

Im nächsten Schritt werden die einzelnen Teile mit Experten in Zweierteams geübt. Mit Experten meinen wir in diesem Fall Lösungsarchitekten oder Personen aus den Liefereinheiten, die Architektur und Lösung bis ins letzte Detail kennen. Diese Experten sollten dabei Hintergrundinformationen geben und dürfen die Vortragenden auch herausfordern, indem sie beispielsweise schwierige Fragen stellen. Dies darf nicht übertrieben werden. Es muss im Rahmen der Ausschreibung bleiben. Das Nachhaken bis ins kleinste Detail verunsichert die Vortragenden. Nach unserer Erfahrung werden in Kundensituationen 95 % der eingeübten technischen Fragen gar nicht erst gestellt. Es ist in Ordnung, nicht jede Frage im Meeting sofort zu beantworten. Wichtig ist, offene Fragen zeitnah nachzureichen.

▶   Unerfahrene Presales-Berater sollten ihre Präsentationsteile aufnehmen und regelmäßig anhören, um Unsicherheiten, Denkpausen und Versprecher zu reduzieren. Sprechen sie jeden Morgen diese Präsentation auf Band und hören sie sich einmal selbst an. Dabei verschwinden die „Ähms" und Versprecher von selbst. Nutzen Sie dafür Smartphone, Teams, Zoom oder PowerPoint und hören Sie die Aufnahme bei Gelegenheit, etwa unterwegs oder bei Hausarbeit.

Bestimmen Sie frühzeitig den Moderator. Er sorgt für Struktur und Zielorientierung im Kundengespräch, führt durch die Agenda und behandelt die Anliegen des Kunden pragmatisch. Beispielsweise kann ein Kundenvertreter ankündigen, dass er nur die erste Stunde anwesend sein wird. Der Moderator muss dann in Absprache mit dem Auftraggeber die Tagesordnung so ändern, dass bestimmte Themen in der ersten Stunde behandelt werden können. In Bezug auf das Zeitmanagement hat der Moderator die Führung.

Bei Angebotspräsentationen muss der Moderator gezielt Fragen anregen und lenken, insbesondere wenn Kundenvertreter passiv sind. Er verteilt alle Fragen an passende Teammitglieder und sorgt so für einen aktiven Austausch. Die Zuteilung von 80 % der Fragen sollte problemlos durch Blickkontakt erfolgen. Wenn ein Experte aufgefordert wird zu antworten, dieser aber nicht der passende Experte ist, kann der Moderator kurz den Namen sagen „Alice, kannst du bitte antworten?". In seltenen Fällen muss in der Gruppe geklärt werden, wer die Frage beantwortet. Dies sollte die Ausnahme bleiben. Bitte üben Sie diese Art der Verteilung von Fragen ein und halten sie Disziplin.

Der Moderator fasst Entscheidungen zusammen oder fordert gezielt zu Folgeaktivitäten auf, etwa: „Können Sie uns die Informationen zu den veralteten Endgeräten bis Ende nächster Woche liefern, damit wir den Refresh im nächsten Angebot berücksichtigen?". Insbesondere wenn wichtige Informationen nur vage diskutiert wurden.

Wählen Sie als Moderator die geeignetste Person im Team – dies muss nicht zwingend der Vertrieb oder eine Führungskraft sein. Wichtig sind Empathie und ein reibungsloser Ablauf. Am Ende kann der Moderator die nächsten Schritte zusammenfassen und an den Vertriebsleiter übergeben.

> Hinweis: Üben Sie das Moderieren regelmäßig, zum Beispiel in Teambesprechungen oder Schulungen. Notieren Sie sich für den Anfang Stichpunkte zur Tagesordnung und kleine Erinnerungen, etwa „freundlich schauen".

3.3   Verbindung schaffen und Vertrauen aufbauen

Vertrauen ist entscheidend für die Akzeptanz eines Angebots und entsteht oft durch gute Vorarbeit einzelner Teammitglieder. Besonders für technische Kolleginnen und Kollegen ist es wichtig, aktiv eine Vertrauensbasis zum Kunden zu schaffen – sei es durch überzeugende Lösungen, positive Resonanz, fachkundige Antworten oder persönliche Eigenschaften. Die zentrale Frage lautet: Wie kann die Präsentation gezielt Elemente enthalten, die das Vertrauen fördern?

Eine gute Orientierung für die wichtigsten Faktoren bietet das soziologische Konzept der Resonanz (Rosa 2016). Resonanz ist eine sich gegenseitig anregende Konversation, Erfahrung oder Beziehung. Eine vereinfachte Metapher aus der Physik ist ein Resonanzboden, der mit der Eigenfrequenz in einem Musikinstrument schwingt. Dazu müssen sie den richtigen Ton treffen.

Eine solche bereichernde Wechselwirkung kann nicht erzwungen werden, auch wenn zum Zeitpunkt der Präsentation alle notwendigen Bedingungen erfüllt sind. Das Ergebnis der Interaktion ist nicht vorhersehbar. Es können jedoch die Voraussetzungen geschaffen werden, um Raum für Resonanz zu schaffen.

Unserer Erfahrung nach sind die wichtigsten Dimensionen, entlang derer Vertrauen aufgebaut werden kann, die Kultur der beteiligten Unternehmen, die beteiligten Menschen und der technische Lösungsinhalt.

- **Kultur**: Stellen Sie Ihre Unternehmenskultur in wenigen Worten so authentisch wie möglich dar. Befragen Sie dazu neue Kunden, z. B. ein Jahr nach Übernahme einer Dienstleistung. Eventuell können Sie die Aussagen dieser Kunden in Ihrer Präsentation sogar als Referenz zitieren. Vermitteln Sie Ihrem Gegenüber Ihre Unternehmenskultur klar und authentisch, und wählen Sie Folien aus, die die Kultur präzise darstellen.
- **Menschen**: Ermöglichen Sie allen Teammitgliedern, sich empathisch einzubringen. Oft entsteht Vertrauen über unerwartete Personen. Verhindern Sie, dass dominante oder ranghöhere Personen die Diskussion bestimmen. Wichtig: Zuhören. Faustregel: Liegt der Redeanteil Ihres Teams unter 50 %, war das Meeting anregend.
- **Technische Lösung**: Beginnen Sie mit einfachen Aussagen und ergänzen Sie nur bei positivem Feedback Details. Tasten Sie sich mit Fragen vorwärts. Wenn der Gesprächspartner positiv reagiert, können sie auf Details eingehen, sonst nicht. Teilen Sie Module oder Abschnitte, um individuelle Einstiegspunkte zu schaffen. So schaffen Sie die Möglichkeit, einzelnen Personen der Präsentation wieder zu folgen. Fokussieren Sie sich auf das für den Kunden relevante Erfahrungswissen. Experten neigen dazu, ihr Wissen in der ganzen Tiefe darstellen zu wollen, was aber der Resonanz nicht förderlich ist.

3.4 Proben im Team

Die erste gemeinsame Probe der Angebotspräsentation ähnelt einem Theaterstück: Die Rollen werden zugeteilt und ein bis zwei Durchgänge geübt. Optimal ist ein erfahrener Mitarbeiter als Regisseur, der nicht zum Präsentationsteam gehört. Ein neutraler Blick verbessert die Teamleistung deutlich.

Spätestens jetzt sollten alle nicht-technischen Rollen verteilt werden: Moderation, Zeitnehmer (bei vorgegebenem Zeitplan), Protokollführung und Beobachtung der Körpersprache. Diese Rollen sind in den nächsten Übungen festzulegen und auszuprobieren (siehe Abb. 3.2).

Für die nächsten Durchgänge sollten einige Kolleginnen und Kollegen die Rolle des Kunden übernehmen, idealerweise solche, die das Angebot kennen, aber nicht zum Präsentationsteam gehören – zum Beispiel aus dem Backoffice. Diese ge-

<table>
<tr>
<td>Moderator:in

• Sorge für eine gute Verteilung der Teilnehmer
• Verteile die Redebeiträge gleichmäßig
• Lenke die Fragen in das eigene Team
• Reagiere auf Verklemmungen</td>
<td>Vereinbarungs-treffer:in

• Konkretisiere lockere Äußerungen zu Aktionen
• Definiere zu jeder Aktion einen Hauptansprechpartner
• Frage zu Ende jedes Blocks nach gewünschten Zuarbeiten oder Materialen
• Fasse alle Aktionen zusammen (SMART)</td>
<td>Zeitwächter:in

• Achte auf die Einhaltung des Zeitplans
• Stoppe aktiv ausschweifende Redebeiträge des eigenen Teams
• Fordere falls sinnvoll Time-Boxes
• Frage aktiv zur Umplanung bei Verspätungen im Zeitplan</td>
<td>Empathie-Beobachter:in

• Achte auf die Beteiligung aller Kundenvertreter
• Wie kommunizieren sie untereinander
• Wie kommunizieren sie mit dem Präsentierenden
• Wann sind sie zugewandt, lächeln sie</td>
</tr>
<tr>
<td>Technik-Beobachter:in

• Achte auf die Professionalität des Teams
• Welche Dinge können wir konkret verbessern
• Finde Hindernisse, die in die Retrospektive gehören</td>
<td>Ziel-Checker
• Schreibe alle Aussagen des Kunden auf, die auf unsere Vision, Strategie einzahlen
• Notiere Aussagen des Kunden, die nicht auf seine Vision, Ziele der Ausschreibung einzahlen
• Beobachte an welchen Stellen vereinbarte Taktiken angewendet wurden und wo ggf. nicht</td>
<td>Relationship-Checker

• Beobachtet die Teilnehmer anhand der Stakeholder-Analyse
• Welche Beobachtungen passen zur Einordung, welche sprechen dagegen
• Wer sucht in den Pausen welchen Kontakt</td>
<td>Mentor:in

• Beobachte die Aktionen deiner Mentee
• Notiere was ihn auszeichnet
• Schreibe aus was gut funktioniert
• Beobachte Punke für Verbesserungspotential</td>
</tr>
</table>

Abb. 3.2 Cheat-Sheet Rollen Karten

spielten Kundenvertreter stellen herausfordernde Fragen, insbesondere zu bekannten Problempunkten der Ausschreibung.

Das Kundenteam kann die Simulation durch gezielte Störungen erschweren, etwa durch frühzeitige oder verspätete Rückfragen, Desinteresse oder Lob für Wettbewerber. Ziel ist es, die Teamfähigkeit zu stärken und den Umgang mit Herausforderungen zu trainieren.

Übertreiben Sie diese Störungen nicht, das Team soll in der Simulation Fehler machen, lernen und zusammenfinden, aber nicht verunsichert werden. Oft werden in Simulationen unrealistisch schwierige Kunden, sehr detaillierte technische Fragen oder irreale Szenarien dargestellt. Solche Extremfälle sollten in einem Soft-Skill-Training behandelt werden, nicht bei der Vorbereitung auf Angebotspräsentationen.

Simulierte Kundenvertreter sollten feste Rollen übernehmen und Aspekte wie Körpersprache, Blickkontakt und Aussprache bewerten. Jeder protokolliert seine Eindrücke, danach folgt unter Leitung der Regie ein Review – beginnend mit der Selbstbewertung des Teams. In der Regel genügen zwei vollständige Simulationsdurchläufe. Abschließend empfiehlt sich ein letzter Durchlauf, bei dem möglichst wenige Fehler auftreten. Wichtig ist, dass das Team mit einem positiven Gefühl in die Präsentation geht. Kleine Fehler bei der Generalprobe sind erlaubt und gelten als gutes Omen.

3.5   Einsatz von Künstlicher Intelligenz

In der modernen Arbeitswelt ist Generative KI (oder GenAI) inzwischen für viele zu einem unverzichtbaren Hilfsmittel in der täglichen Arbeit des Angebotsprozesses geworden. Durch strategisches Prompting, systematische Inhaltsvalidierung und kundenspezifische Anpassungen unterstützt sie die Qualitätssicherung und Angebotserstellung. Dabei stehen zwischenzeitlich eine Vielzahl von Plattformen und KI Tools zur Verfügung. Werden diese gezielt eingesetzt, können dies am Ende einen wichtigen Faktor für eine erfolgreiche Präsentation spielen.

▶   Wichtiger Hinweis: Prüfen Sie stets, welche Daten Sie verarbeiten dürfen und welche Tools im Unternehmen für Kundendaten erlaubt sind.

Inhaltsvalidierung

Nutzen Sie GenAI zur Recherche- und Ideengenerierung. Implementieren Sie einen dreistufigen Prüfprozess:

1. Faktenabgleich – Untersuchen Sie Quellen wie Jahresberichte oder technische Dokumente des Kunden.
2. Konsistenzprüfung – Lassen die ermittelten Informationen durch domainspezifische Experten prüfen
3. Plausibilitätscheck – Verwenden Sie Prompting-Techniken wie „Identifiziere potenzielle Widersprüche in diesen drei Absätzen".

Kundenadaption

GenAI kann zur inhaltlichen Optimierung genutzt werden, etwa indem Prompts die Gliederung verbessern oder Ausschreibungsunterlagen analysieren. Prüfen Sie, ob Präsentationen Kundenbegriffe statt Anbieterjargon verwenden. Lassen Sie kurze Stichpunkte auf Verständlichkeit für die Zielgruppe testen und sich alternative Formulierungen oder eine Anpassung auf CxO verständliche Sprache vorschlagen.

Kundensicht einnehmen – Personas

Eine weitere Einsatzmöglichkeit ist die Entwicklung von Persona-Prompts. Diese können verwendet werden, Um die Inhalte der Präsentation oder begleitender Angebotsdokumente auf Kundentauglichkeit zu prüfen. Sie können helfen, aus Kundenperspektive zu analysieren. Ein Personaprompt sollte dabei mindestens folgende beschreibende Blöcke einer fiktiven Person umfassen:

- Allgemeine Beschreibung/Hintergrund
- Ziele
- Herausforderungen
- Kommunikationsmuster
- Persönlichkeitsmerkmale

Nutzen Sie mehrere, auf verschiedene Zielgruppenrollen zugeschnittene Personas, etwa für Einkäufer oder Fachbereichsvertreter. Entwickeln Sie zunächst generische Personas und verfeinern Sie diese mit spezifischem Wissen, um sie gezielt an einzelne Zielpersonen anzupassen. Umfangreichere Prompts (über 400 Worte) ermöglichen dabei bessere Analysen.

Beachten Sie auch hierbei bitte immer den Datenschutz und auch die Persönlichkeitsrechte.

> Künstliche Intelligenz (KI) kann durch strategisches Prompting, systematische Inhaltsvalidierung und kundenspezifische Anpassungen die Qualitätssicherung und Angebotserstellung effizient unterstützen.

3.6 Netz und doppelter Boden

Planen Sie eine Absicherung gegen mögliche Risiken ein. Ein wichtiger Faktor ist dabei die Resilienz, also die Widerstandsfähigkeit gegenüber einem bestimmten Maß an äußeren Einflüssen. In den meisten Fällen reicht es aus, Ausweichmöglichkeiten zu planen und diese in einer Checkliste zusammenzufassen. Aus unserer Praxiserfahrung wissen wir, dass eine sorgfältige Planung als uncool oder gar unflexibel angesehen wird. Dabei ist das Gegenteil der Fall: Wenn man in unvorhersehbaren Situationen reagieren und beispielsweise schnelle Alternativen finden kann, ist das sehr vorteilhaft.

Ein nennenswertes Risiko ist der Ausfall von Referenten durch Krankheit. Für Schlüsselpersonen sollten Ausfallszenarien durchgespielt werden. Meistens ist es nicht möglich, einen 1:1-Ersatz zu planen, aber man kann Rollen im Kernteam aufteilen und ggf. jemanden auf der Ersatzbank einplanen.

Das Zuspätkommen ist ein weiteres persönliches Risiko. Fragen Sie jeden Teilnehmer nach seiner Reiseplanung. Bei Bahnreisen muss mindestens der Ausfall einer Hauptverbindung einkalkuliert werden. Bei Flügen zwischen deutschen Hauptstädten kann oft eine frühere Variante gewählt werden. Erkundigen Sie sich, ob Messen oder lokale Streiks die Anreise erschweren.

> ▶ Hinweis: Eine Reiseplanung mit entsprechendem Puffer gilt für alle Teilnehmer. Wir haben es (selten, aber dennoch) erlebt, dass hochrangige Vertreter des eigenen Unternehmens für sich in Anspruch nehmen, in letzter Minute anzureisen, weil sie vorher noch einen anderen Termin haben. Wenden Sie sich an einen erfahrenen Bid-Manager oder Presales-Kollegen, der solche Überlegungen beeinflussen kann. Der positive Eindruck, den es macht, wenn z. B. ein Vertreter der Geschäftsführung mit zum Kundentermin geht, verpufft, sobald dieser zu spät kommt.

Ein weiterer abzusichernder Bereich ist die Zugänglichkeit von Ressourcen, wie z. B. Besucherausweise, Arbeitssicherheitsprüfungen oder öffentliches WLAN. Informieren Sie alle Beteiligten über die Prozesse und Abläufe. Ergänzen Sie die Checkliste mit den zu erwartenden zeitlichen Anforderungen.

3.7   Backups

Technik kann jederzeit ausfallen. Wer gut vorbereitet ist, wirkt professionell und kann Ausfälle souverän abfedern.

Erinnert sei an das prominente Beispiel des Microsoft-Gründers Bill Gates, als er „Plug&Play" für sein Betriebssystem Windows98 präsentieren wollte und einen Bluescreen erhielt (Unbekannt 2008). So sollte Ihre Angebotspräsentation nicht enden. Wenn das passiert, verlieren Sie mindestens ein paar wertvolle Minuten und der erhöhte Adrenalinspiegel ist auch nicht gerade hilfreich.

Technik

Die Präsentationstechnik ist der sensibelste Bereich, der abgesichert werden muss. Vor der Angebotspräsentation sollten Sie sich über die technischen Voraussetzungen für die Präsentation informieren. Die Kunden verfügen über sehr unterschiedliche Technologien, auf die Sie sich einstellen müssen. Manche nutzen USB-Dongles, andere einen einfachen HDMI-Anschluss, oder andere Möglichkeiten zur Datenübertragung. Bei anderen Kunden werden Sie Ihre Technik eventuell nicht anschließen dürfen.

Da es keinen einheitlichen technischen Standard gibt, sollten Sie sich vorab über die Technik vor Ort informieren. Bei Online-Präsentationen kann die Verbindung am Ende der festgelegten Zeit abrupt beendet werden.

Stellen Sie sich auf die Technik Ihres Kunden ein und, wenn möglich, bauen Sie diese vorher bei sich auf und testen Sie Ihr eigenes Equipment auf Kompatibilität.

> Es gibt keinen einheitlichen technischen Standard, sondern viele verschiedene Standards. Stellen Sie sich auf den Standard des Kunden ein!

Eventuell besteht die Möglichkeit sich ein unkonfiguriertes Präsentationsgerät zu organisieren. Da die eigenen Firmenendgeräte in der Regel gesichert sind und einige physikalische oder digitale Verbindungen blockieren, besteht eventuell die Möglichkeit, ein Gerät für solche Zwecke zur Verfügung zu stellen.

Einige Konferenzraumausstattungen bieten die Möglichkeit, sich über eine Besprechungssoftware einzuwählen, falls eine direkte Kopplung nicht funktioniert. Installieren Sie die gängigen Produkte wie Microsoft Teams, Cisco WebEx und Zoom vorab auf Ihren Geräten.

Falls sie physische Whiteboards, Metaplanwände oder Flipcharts in Ihrer Präsentation verwenden dürfen, nehmen Sie mindestens einen Satz neuer wasserlöslicher Stifte mit. Je nach Planung sollte eventuell ein frisch geprüfter Medienkoffer im Gepäck sein.

Achten Sie darauf, dass alle wichtigen Informationen und Ersatzgeräte verfügbar sind und sichern Sie Präsentationsdaten zusätzlich, z. B. auf einem USB-Stick.

Alternativ kann ein externer Cloud-Speicher genutzt werden – klären Sie vorab, ob dies beim Kunden möglich ist. Nicht alle Kunden erlauben USB-Sticks oder den Zugriff auf externe Ressourcen. Je nach Situation kann ein Ausdruck der Präsentation sinnvoll sein, bedenken Sie aber, dass Teilnehmer dadurch abgelenkt werden könnten.

Mensch

Auch Teammitglieder können plötzlich ausfallen. Stellen Sie sicher, dass die zuvor festgelegten Rollen in der Präsentation von Ihren Kollegen oder Kolleginnen übernommen und gleichermaßen vorgetragen werden können. Hierzu ist vor allem detailliertes Wissen über das in der Präsentation vorstellte Angebot wichtig.

> Es ist ärgerlich, wenn wochenlange Arbeit und möglicherweise ein Geschäft verloren gehen, weil etwas unvorhergesehen ausgefallen ist.

Woche 4 – Tag der Kundenpräsentation

4

Der Tag der Angebotspräsentation naht und es ist an der Zeit, alle Vorbereitungen in Vertrauensbildung gegenüber dem Kunden umzuwandeln. Der Kunde wird darauf achten, dass Sie ein gesundes Verständnis für seine Herausforderungen und die richtige Einstellung mitbringen. Die Präsentation sollte professionell sein. Machen Sie sich nicht zu viel Stress, kleine Fehler sind tolerierbar. Entscheidend sind Stringenz der Argumentation, Transparenz und Empathie, um Vertrauen aufzubauen und langfristige Geschäftsbeziehungen zu sichern.

4.1   Aktives beobachten und bewerten

Das Verhalten der einzelnen Personen in der Präsentation sollte während der Präsentation beobachtet werden. Sind die Kunden aufmerksam, beschäftigen Sie sich mit anderen Dingen, oder reagieren einige bei speziellen Themen oder an einer speziellen Stelle besonders. Diese Zeichen können nicht nur bei der späteren Auswertung der Präsentation hilfreich sein. Sie sollten bereits während der Präsentation einige Punkte vertiefen, die stärkere Reaktionen hervorriefen. Spiegeln die Kunden das eigene Verhalten wider oder nehmen sie eher eine ablehnende Haltung ein. Hier lässt sich oft erkennen, wer dem Angebot eher positiv gegenübersteht und wer eventuell noch überzeugt werden muss.

© Der/die Autor(en), exklusiv lizenziert an Springer Fachmedien Wiesbaden GmbH, ein Teil von Springer Nature 2026
G. Köhler et al., *Ausschreibungen gewinnen*, essentials,
https://doi.org/10.1007/978-3-658-50923-1_4

4.2 Umgang mit Kundenfragen

Natürlich macht es einen professionellen Eindruck, wenn das Team auf alle Fragen ohne Zögern eine plausible und fundierte Antwort geben kann. Es wird jedoch immer Fragen geben, deren Beantwortung eine Nachfrage bei Kolleginnen und Kollegen erfordert. Es kann sich auch um Entscheidungen handeln, die die Anwesenden nicht selbst treffen dürfen und an die Geschäftsführung delegieren müssen.

Es ist normal, nicht alle Fragen beantworten zu können. Sollte Ihnen dies passieren, so entgegnen Sie, dass Sie diese Frage mitnehmen und sofort nach der Kundenpräsentation klären werden. Stimmen Sie mit dem Kunden einen Termin und das Kommunikationsmedium zur Beantwortung der Frage ab.

Es empfiehlt sich, dies persönlich oder am Telefon zu tun. Das Gespräch dient auch der Klärung offener Fragen und der Kundenbindung. Ist dies nicht möglich, weil das Ausschreibungsverfahren dies nicht zulässt, werden Fragen per E-Mail beantwortet. Halten Sie sich auf jeden Fall an den vereinbarten Termin. Können Fragen nicht rechtzeitig beantwortet werden, informieren Sie den Auftraggeber mit Begründung und schlagen Sie einen neuen, konkreten Termin vor. So zeigen Sie Verlässlichkeit, dies ist hier die wichtigste Währung.

Stellen Sie sicher, dass Sie bei Fragen, die Sie nicht direkt beantworten können oder wollen, dem Kunden einen Grund für die Nichtbeantwortung der Frage nennen. Bereiten Sie sich auf solche Fragen und ihre Begründung vor.

4.3 Protokoll und dessen Verwendungszweck

Ein oft unterschätztes und missverstandenes Instrument ist das Protokoll. Die Erstellung eines Protokolls bei einem wichtigen Termin, wie z. B. bei der Präsentation eines Angebotes, hilft bei der Weiterverarbeitung der wesentlichen Informationen. Es ist auch ein wichtiges Medium, um Inhalte und Ergebnisse an nicht anwesende Personen zu kommunizieren.

Eine Protokollmaske mit Angaben zu Teilnehmenden, Ort und Zeit erleichtert die Übersicht. Die Sitzordnung sollte dabei festgehalten werden, mindestens bei einer Person mit Sitzposition.

Sie können die Notizen nach den Themen der Präsentation gliedern und die entsprechenden Kommentare oder Vereinbarungen in diesem Abschnitt festhalten. Vergessen Sie nicht zu notieren, von wem ein Kommentar kam oder wer einen Auftrag erhielt. Bei Aufgaben, die im Nachhinein zu erledigen sind, muss immer ein Termin vereinbart werden, bis zu dem die Aufgabe erledigt sein muss.

Das Protokoll enthält alle wichtigen Aussagen, Informationen und Beschlüsse. Aus diesem Grund ist das Protokoll gerade bei einer solchen Besprechung ein wichtiger Informationsspeicher. Vieles bleibt festgehalten und kann für eine spätere Nachbereitung genutzt werden. Es dient auch dazu, mit allen Beteiligten einen Konsens über die getroffenen Aussagen und Entscheidungen herzustellen. Die im Rahmen der Sitzung getroffenen Entscheidungen sind zu einem späteren Zeitpunkt nachvollziehbar und auch, wer die Entscheidung getroffen hat. Dies ist besonders wichtig, da in solchen Sitzungen viele technische Fragen entschieden werden.

Aus all diesen Gründen ist es immer empfehlenswert, das Protokoll von einer fachkundigen und erfahrenen Person erstellen zu lassen. Unerfahrene Protokollanten wie Werkstudenten oder Praktikanten sind oft mit der Informationsflut überfordert und erfassen wichtige Punkte nicht, während sie Belangloses protokollieren.

Bei Online-Meetings können KI-Lösungen helfen, das Gesagte durch direkte Transkription festzuhalten. Für Transkriptionen oder Aufzeichnungen einer Besprechung ist laut DSGVO die Zustimmung aller Teilnehmenden erforderlich. Bitte beachten Sie, dass dies die Kommunikation aller Beteiligten verändert. In der Regel reagieren die Beteiligten dann zurückhaltender. Wir raten daher von jeder Form einer Aufzeichnung ab.

Im Verlauf des Bieterverfahrens können solche Technologien sinnvoll sein. Nehmen wir als Beispiel ein fortgeschrittenes Verfahren, in dem einzelne Leistungsbeschreibungen, Service Level Ziele etc. von den Fachteams diskutiert wurden. Zur Vorbereitung des Vertrags trifft sich ein ausgewähltes Team, um zügig über vorbereitete Punkte negativ oder positiv zu entscheiden. Ein KI-Protokoll kann hier Zeit sparen.

> **Klare Ansage: Protokollierung von Anfang an** Praxishinweis: Sollte jemand aus dem Team Protokoll schreiben, kündigen Sie dies immer zu Beginn dem Kunden an. Dies hat zweierlei Hintergründe:

1. Die Ankündigung, dass protokolliert wird, hält möglicherweise einige Teilnehmer davon ab, selbst mitzuschreiben. Die Anwesenden können sich so noch mehr auf die Präsentation der Inhalte konzentrieren.
2. Damit wird dem Eindruck entgegengewirkt, dass der Protokollführer, der während der Sitzung hinter seinem Laptop sitzt und tippt, etwas Wichtigeres zu tun hat, als die Sitzung zu verfolgen. Eine Ankündigung klärt diesen Sachverhalt auf.

Überlegen Sie sich zu Beginn, welche Art von Protokoll Sie erstellen wollen. Dies bestimmt wesentlich den Umfang der zu dokumentierenden Inhalte.

1. **Das Ergebnis- oder Beschlussprotokoll** legt den Fokus auf die konkreten Resultate und Abmachungen der Besprechung. Detaillierte Gespräche werden ausgelassen; stattdessen werden ausschließlich die endgültigen Entscheidungen sowie die übernommenen Aufgaben festgehalten.
2. **Das Verhandlungs- oder Verlaufsprotokoll** dokumentiert den vollständigen Verlauf der Diskussion sowie alle für die Entscheidungsfindung relevanten Argumente. Im Vergleich zum reinen Ergebnisprotokoll bietet es eine umfassendere Darstellung und gewährleistet eine transparente Nachvollziehbarkeit des Entscheidungsprozesses.
3. **Das Fotokoll** ist eine Protokollform, bei der wichtige Punkte und Entscheidungen durch Fotos von beispielsweise Flipcharts oder Whiteboards ergänzt werden. So bleibt visueller Kontext erhalten, der im schriftlichen Protokoll fehlen würde.

Dokumentieren Sie so viel wie nötig. Der Inhalt ist wichtiger als die Form, neben den oben genannten gibt es noch weitere Protokollformate. Fehlende Inhalte lassen sich später kaum ergänzen. Präzisieren Sie unklare Einträge direkt nach dem Treffen, zum Beispiel während der Rückreise.

Vereinbaren Sie spätestens am Ende des Termins mit Ihrem Kunden, wer das Protokoll erhalten soll. Versenden Sie das Protokoll immer so schnell wie möglich. Häufig werden vor dem Versand der Rohfassung an den Auftraggeber ein internes Review durchgeführt und inhaltliche Ergänzungen oder Anpassungen vorgenommen. Nehmen Sie sich für eine solche Prüfung nicht mehr als zwei bis drei Tage Zeit. Bitten Sie den Auftraggeber um Rückmeldung, Änderungen oder Kommentare.

Wenn das Protokoll relevante Beschlüsse enthält, muss es wahrscheinlich formell genehmigt und unterzeichnet werden. Vereinbaren Sie Fristen für eventuelle Änderungen und die Abnahme, ggf. müssen Unterschriftenläufe abgewartet werden. Das genehmigte Protokoll sollte abschließend z. B. als PDF-Datei an alle Teilnehmer verschickt werden. Ein solches Dokumentenformat und Vorgehen hilft vor allem versehentliche Änderungen zu vermeiden.

▶   **Praxistipps:**
- Entfernen Sie alle unnötigen internen Kommentare.
- Verwenden Sie die Rechtsschreib- und Grammatikprüfung. Lassen Sie eine Person auf Verständlichkeit und korrektes Deutsch lektorieren.
- Schalten Sie erst zum Schluss die Änderungsverfolgung ein, bevor Sie das Dokument zum Kunden senden. So sind Änderungen leicht nachvollziehbar.

Im Anschluss der Präsentation noch wissen was gesagt und entschieden wurde.

4.4   Eine große Runde und viele Unbekannte – was tun?

Gerade bei Angebotspräsentationen kommt es immer wieder vor, dass viele unbekannte Personen bei dem Termin anwesend sind. Für die Erstellung eines Protokolls gibt es einige praktische Tipps, die das Schreiben erleichtern:

1. Erstellen Sie die Vorlage und Liste der Teilnehmer vor dem Termin.
2. Nehmen Sie vorab die Überschriften jeder Folie in das Protokoll auf. So lassen sich getroffenen Aussagen direkt zu den Folien zuordnen. Dies ist hilfreich für die Einordnung der Aussagen in den richtigen Kontext und für die Weiterverfolgung der Ergebnisse.
3. Vergeben Sie ein individuelles Kürzel aus zwei bis drei Buchstaben für jeden Teilnehmenden

Eine gute visuelle Hilfe ist die Aufzeichnung der Sitzordnung auf einem Blatt Papier und die Zuordnung von Nummern zu den Personen (siehe Abb. 4.1). In der Regel ist die Vorstellungsrunde so kurz, dass eine Erfassung aller Namen nicht auf Anhieb möglich ist. Nach dem Meeting können Aussagen dank der Nummern leichter einzelnen Personen zugeordnet und im Team effizient nachbesprochen werden. Denken Sie daran, Platz für nicht belegte Stühle freizulassen. So können sich Nachzügler problemlos auch im Diagramm dazugesellen.

Abb. 4.1 Teil-
nehmer merken

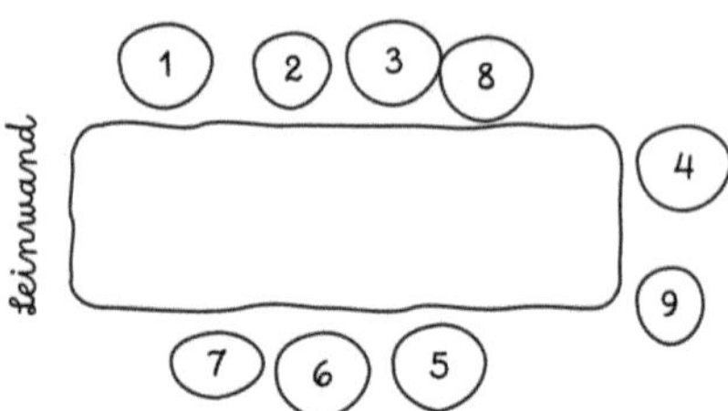

Warum ist der Aufwand so wichtig?

Ein gutes Protokoll dient dazu, Informationen festzuhalten, um daraus Wissen zu generieren. Es dokumentiert alle Ankerpunkte der Besprechung, wer war anwesend und wer nicht, welche Daten sind Grundlage oder werden nachgereicht. Welche Festlegungen z. B. für die weitere Lösung wurden getroffen. Welche Aufgaben und Verantwortlichkeiten wurden vereinbart.

Das Protokoll ist wie ein Fixpunkt, von dem aus der nächste Schritt im Angebot gemacht werden kann. Es schafft auch im weiteren Sinne eine gemeinsame Basis für Auftraggeber und Auftragnehmer. Es kann z. B. sein, dass die Anwesenden ein Problem diskutiert und eine einfache Lösung im Protokoll festgehalten haben. Diese Lösung erweist sich jedoch in der Kommunikation innerhalb des gesamten Angebotsteams als nicht optimal. Mit Bezug auf das Protokoll können nun Rückfragen und weitere Schritte, wie z. B. ein Online-Meeting zur Lösungsfindung, abgesprochen werden.

Im weiteren Verlauf des Angebotsverfahrens werden die Protokolle formeller. Es ist sinnvoll, klare Regeln für das Protokoll festzulegen. Vereinbaren Sie kurze Fristen, z. B. drei Werktage für die Entwurfsfassung, fünf Tage für die Anpassung durch alle Parteien und weitere fünf Werktage für die endgültige Fassung, nachdem keine Änderungen mehr am Protokoll vorgenommen werden können.

Einigen Sie sich auch auf eine Dokumentvorlage, was das Protokoll enthalten soll. Bei der Übernahme bestehender Vorlagen sollte besprochen werden, welche Elemente weggelassen werden können. Menschen neigen dazu, alles zu sammeln. Unnötige und unpassende Informationen verschwenden Arbeitszeit und können im Extremfall zu Missverständnissen führen.

Eine pragmatische Form, zeitnahe Rückmeldungen und transparente Inhalte der Protokolle sind einer vertrauensvollen Zusammenarbeit dienlich.

4.5   Pünktlichkeit

„Fünf Minuten vor der Zeit ist des Deutschen Pünktlichkeit", sagt der Volksmund und meint damit, dass in Deutschland eine Besprechung pünktlich beginnt und alle Teilnehmer die Zeit ihrer Gesprächspartner respektieren. Wenn eine Angebotspräsentation für 14:00 Uhr geplant ist, dann sollten Sie die erste Folie und die Begrüßung für 14:00 Uhr einplanen. Eventuelle Hindernisse sollten im Voraus beseitigt werden.

Planen Sie ausreichend Zeit für die Anfahrt ein und treffen Sie sich 60 bis 90 min vor dem Termin in der Nähe, um gemeinsam zum Kunden zu fahren.

Klären Sie im Vorfeld ab, ob der Kunde Ihnen einen Parkplatz zur Verfügung stellen kann oder ob Sie in ein Parkhaus ausweichen müssen.

Bei den meisten Kunden ist eine Anmeldung erforderlich, um die Räumlichkeiten betreten zu können. Allein diese Registrierung kann je nach Anzahl der zu registrierenden Personen 15 bis 30 min in Anspruch nehmen.

Vereinbaren Sie, wie und mit wem Sie sich beim Kunden melden, um abgeholt zu werden, und wie lange im Voraus Sie dort anrufen können. Notieren Sie sich die Festnetznummern einiger Ansprechpartner auf einem Zettel oder in der Notizfunktion des Mobiltelefons. Einige externe Rezeptionen haben keinen Zugriff auf die Mitarbeiterdaten.

Denken Sie daran, dass der Aufbau und Start Ihrer Technik Zeit braucht und die Verbindung zum Kundensystem nicht immer sofort klappt.

Begrüßen Sie alle Ansprechpartner persönlich und nehmen Sie das Angebot für Kaffee oder Wasser höflich an. Dafür sollten Sie etwa zehn Minuten einplanen.

Je nachdem, wie Ihr Kunde dies plant, gehen diese Zeiten von der Präsentation ab. Klären Sie also im Vorfeld wie viel Zeit Ihnen dann noch effektiv für die Präsentation Ihres Angebotes bleibt.

▶ Praxisbeispiel: In Deutschland ist es nicht üblich, zu früh zu einem Termin zu erscheinen. Wenn Sie es für angemessen halten, fragen Sie höflich nach. Einige Firmen bieten öffentliche Bereiche auf ihrem Campus an. Auf diese Weise konnten wir schon einige Kundenvertreter informell kennen lernen.

4.6   Der Dresscode

Stellen Sie sich vor, Sie arbeiten in einer Bank oder bei einer Versicherung und sind es gewohnt im Anzug auf der Arbeit zu erscheinen. Auch Ihre Kollegen und Kolleginnen kleiden sich so.

Zur Angebotspräsentation erscheint nun ein Vertreter des Anbieters in einer Jogginghose, mit T-Shirt und einer Goldkette. Würden Sie dem Angebot noch offen gegenüberstehen oder hätten Sie bereits einen negativen Eindruck?

Das gilt auch umgekehrt: Kommt zur Präsentation in einem Handwerksbetrieb jemand im Anzug und mit perfekt gestyltem Auftreten, wirkt das schnell fehl am Platz.

Wir sind darauf programmiert uns in den ersten Sekunden eine Meinung über andere zu bilden. Dies ist für Menschen wichtig, und wir können es auch nicht abstellen. Daher empfehlen wir, passen Sie sich Ihrem Kunden in Ihrem Auftreten an. Sie müssen sich nicht extra Arbeitskleidung besorgen, aber ein Anzug mit Krawatte ist in einem Handwerksbetrieb meist übertrieben. Wichtig ist ein ähnlicher Kleidungsstil wie der des Kunden. Sprechen Sie sich im Vorfeld ab und fragen Sie einen Kollegen oder eine Kollegin, wie der Kunde zur Präsentation wohl gekleidet ist.

Dies sind die ersten positiven Punkte, die Sie sammeln können, ohne, dass die erste Folie gezeigt wurde oder Sie den Kunden begrüßt haben. Verschenken Sie diese Punkte nicht.

> Passen Sie sich Ihrem Kunden im Auftreten und Aussehen an.

4.7   Vor Ort oder Remote

Menschen interagieren miteinander – ob bewusst, oder unbewusst. Wie Paul Watzlawick schon bemerkte, (Watzlawick 2015). Auch wenn jemand bei der Angebotspräsentation nur dasitzt und scheinbar unbeteiligt ist, sendet dies eine Botschaft aus. In einer Angebotspräsentation, die remote stattfindet, können solche Botschaften untergehen bzw. unbemerkt bleiben. Remote birgt auch die Gefahr, dass man aus technischen Gründen die Teilnehmer nicht sehen kann oder selbst nicht gesehen wird.

Es macht einen Unterschied, ob eine Botschaft von Angesicht zu Angesicht oder vor einem Bildschirm vermittelt wird. Passen Sie Ihre Angebotspräsentation entsprechend an. Botschaften, die Sie über Körpersprache und Gestik vermitteln wollen, müssen in einer virtuellen Angebotspräsentation anders dargestellt und vermittelt werden.

Auch der Dresscode erhält heutzutage in einem virtuellen Meeting eine andere Aussage als, wenn man vor Ort ist. Hier kann ein Anzug mit Krawatte schnell gestellt wirken, oder man fühlt sich in einem solchen Outfit unwohl. Das werden die Kunden meist bemerken und die persönliche Überzeugungskraft leidet dann darunter.

> Stellen Sie Ihr Auftreten und die Präsentation darauf ein, ob Sie persönlich beim Kunden präsentieren, oder dies nur virtuell tun.

4.8 Das Präsentieren

Je nach Sitzordnung im Veranstaltungsraum sind wir dazu geneigt, vom Platz aus zu präsentieren. Überlegen Sie, ob es nicht besser ist, nach vorne an die Präsentationsfläche zu treten. So wird die Aufmerksamkeit auf einen bestimmten Punkt gelenkt. Während des Vortrags wechselt der Vortragende nach vorne. Haben Sie keine Angst vor diesen Wechselpausen, in der Regel machen wir in einem Vortrag eher zu wenig Pausen.

Sie können die Folien entweder mit dem Presenter (PPT-Klicker) oder mit Hilfe eines Kollegen wechseln. Vereinbaren Sie ein Zeichen, z. B. gleichzeitiges Blinzeln mit beiden Augen für den Folienwechsel.

> **Höflich eingreifen statt ignorieren**
>
> Hinweis: Es ist wichtig, auf Störungen zu reagieren, z. B. wenn die meisten Kundenmitarbeiter lieber mit ihren digitalen Geräten spielen, als Ihnen zuzuhören, kann das viele Gründe haben. Vielleicht sind Sie nicht der bevorzugte Dienstleister und man möchte Sie durch Geringschätzung ausgrenzen. Vielleicht sind Sie auch schon der dritte Dienstleister an diesem Tag und die Teilnehmer verlieren die Konzentration.
>
> Sprechen Sie die Störung höflich an, z. B. „Sollen wir noch eine Pause machen, Sie scheinen dringende Aufgaben zu haben?" Nur so können Sie herausfinden, was der Grund für die Störung ist. Es ist höflich, die Situation anzusprechen, auch, wenn manche es für höflich halten, sie zu

ignorieren. Wir haben schon erlebt, dass tatsächlich eine IT-Störung die Aufmerksamkeit des Kunden gebunden hat. Wir haben dann angeboten, die Präsentation um eine Woche zu verschieben.

4.9   Körpersprache

Achten Sie bei der Angebotspräsentation auf die Körpersprache der einzelnen Teilnehmer. Am besten verteilen Sie diese Aufgabe auf mehrere Beobachter, die sich Notizen machen. Je nach Begabung und Vorkenntnissen fällt es Anfängern besonders schwer, richtig zu beobachten, auf Fragen zu reagieren und die Präsentation auf den Punkt zu bringen. Deshalb ist es wichtig, die Eindrücke gemeinsam zu sammeln und nach dem Treffen auszutauschen.

Es lohnt sich, in ein Training „Körpersprache lesen" zu investieren, welches idealerweise ein bis zwei Stunden andauert und im Rahmen eines Soft-Skill-Trainings behandelt wird. Auch verschiedene Videotrainings eignen sich. Wichtig ist, dass aus einem solchen Training Basisinformationen mitgenommen werden, die weder in der Interpretation noch in der eigenen Anwendung übertrieben werden.

Verbirgt der Gesprächspartner z. B. seinen Mund hinter der Hand, so kann dies ein Hinweis darauf sein, dass er die Unwahrheit sagt. Es könnte aber auch sein, dass ihm am Morgen eine Zahnkrone abgebrochen ist und er sein Gebiss mit der defekten Stelle hinter der Hand verstecken möchte. Vor allem Gesten, Hand- und Fußhaltungen sind kulturell unterschiedlich und nicht immer direkt interpretierbar.

Nehmen Sie die beobachteten Hinweise zum Anlass, Ihre Beobachtung zu intensivieren. Verzichten Sie nach Möglichkeit auf eine Bewertung, denn eine negative Bewertung Ihrerseits ist leicht übertragbar. Bleiben sie so gut es geht offen und unvoreingenommen. Sollte Ihr Gegenüber bei der Erläuterung von Angebotsbestandteilen die Augen niederschlagen, kann es hilfreich sein, eine taktische Frage zu stellen, wie zum Beispiel: „War das der Teil der Ausschreibung, der für Ihr Team besonders wichtig war?" Bei einer negativen Antwort passt Ihre Beobachtung zum Desinteresse.

Wenn Sie selbst aus einem Training Anregungen für Ihre eigene Körpersprache mitgenommen haben, setzen Sie diese ausschließlich positiv ein. Beispielsweise erzählen Sie dem Kunden, wie Ihr Unternehmen arbeitet und antworten aufgeschlossen auf seine Fragen. Dabei machen Sie Gesten, die die offene Handfläche zeigen, da dies auch gut zu Ihrer sonstigen Körpersprache passt. Ein solches Element kann Ihr Auftreten unterstreichen.

Geben Sie nicht der Versuchung nach, eine positive Körpersprache zu benutzen, um problematische Gesprächsaspekte zu überdecken. Ihr Gegenüber wird merken, dass hier etwas nicht stimmt. Wenn Sie den Verdacht haben, dass Ihr Gegenüber Körpersprache manipulativ einsetzt, achten Sie auf negative Elemente. Meistens werden nur positive Elemente der Körpersprache zur Manipulation eingesetzt.

▶ Hinweis: Üben Sie das Beobachten im Alltag. Ein Beratungsgespräch im Baumarkt oder ein manipulatives Verkaufsgespräch auf dem Volksfest. Seien Sie vorsichtig, echte Betrüger treten oft als Team mit Hintergrundpersonen auf.

4.10   Die kleine Hausapotheke gegen Lampenfieber

Die meisten Menschen verspüren vor einem Auftritt eine Art Lampenfieber. Dabei spielt es keine Rolle, ob die Bühne ein Saal voller Menschen oder ein Besprechungsraum ist. Die Symptome und Auswirkungen sind individuell verschieden. Hier ein paar Tricks, mit denen man die einfachen Varianten gut behandeln oder lindern kann.

Auf eine Stresssituation reagiert der Körper mit einer Kampf-oder-Flucht-Reaktion und sendet Impulse an das Nebennierenmark, das Adrenalin ausschüttet. Adrenalin erhöht die Herzleistung, den Muskeltonus und die Atemfrequenz. Diese Reaktionen liefern die Energie für ein überlebenssicherndes Verhalten in einer bedrohlichen Situation: Todstellen, Konfrontation oder Flucht (Gray 1987).

Diese Vorbereitungen des Gehirns kann man nicht ausschalten. Viele Auftritte, regelmäßiges Üben und eine gute Vorbereitung können dazu führen, dass die Vortragssituation vom Gehirn als weniger gefährlich eingestuft wird.

Am wichtigsten ist es, während des Vortrags entspannt zu atmen. Um dies zu erreichen, ist es am besten, sich auf die Zwerchfellatmung zu konzentrieren. Das ist die Atmung durch den Bauch. Unter Stress werden Sie wahrscheinlich zu einer flachen, pumpenden Brustatmung übergehen. Schauen Sie sich am besten ein Video im Internet an und probieren Sie es aus. Am einfachsten und wichtigsten ist die Ausatmung. Unter Stress versucht der Körper, Sauerstoff zu speichern. Das verhindert ein entspanntes Atmen. Atmen Sie bewusst länger aus und kürzer ein.

Das von der Natur für die Flucht vorgesehene Adrenalin wird durch Muskelarbeit abgebaut. Nach der Muskelarbeit entsteht im Gehirn im Idealfall der Eindruck, die Flucht sei gelungen. Personen, die bereits weit vor dem Vortrag Lampenfieber bekommen, können auf dem Weg zum Kunden einen kleinen Sprint einlegen. Dies baut das Adrenalin perfekt ab.

Vielleicht haben Sie schon einmal bemerkt, dass Sie sich in einer Stresssituation unbewusst schütteln mussten. Dies ist normalerweise eine Körperfunktion, um Adrenalin abzubauen, wenn der Alarmpegel sinkt. Es kann aber auch bewusst herbeigeführt werden. Kurz vor dem Kundentermin kann eine Toilettenkabine genutzt werden, um sich mit dem ganzen Körper zu schütteln.

Im Meetingraum kurz von Ihrem Auftritt, haben Sie beispielsweise die Möglichkeit unbemerkt die Beine anzuspannen. Spannen Sie die Beine, ähnlich wie bei einem Sprint, wechselseitig an, stehen Sie anschließend auf und gehen zum Abschluss langsam nach vorne.

Im Englischen spricht man von „Fight, Flight or Freeze"-Mode. In der Natur haben Tiere die Möglichkeit, sich tot zu stellen. In Kundensituationen kann dies auch vorkommen, z. B. wenn einen ein aggressives Gegenüber rhetorisch in die Ecke drängt und man mit einer Sprachblockade reagiert. Sollte dies einem Ihrer Kollegen passieren, bitte unterstützen Sie in im gleichen Moment, denn er kann in dieser Situation nicht rechtzeitig auf Flucht oder Angriff umschalten.

Stressbedingte Vorformen dieses Einfrierens können Sie mit diesem Trick bekämpfen. Wenn Sie vor dem Vortrag ein Druckgefühl im Brustkorb, ein Engegefühl im Hals oder ein anderes dominierendes Gefühl verspüren, können Sie den Fokus auf ein anderes Gefühl verlagern. Kneifen Sie sich fest in die Wade und verlagern Sie den Fokus bewusst vom Brustkorb weg in Richtung der Wade. Gehen Sie gedanklich den Weg vom Brustkorb, über den Bauch, über das Bein zur Wade und bleiben Sie mit dem Fokus dort. Ähnlich wie bei der Versorgung einer äußeren Wunde und dem Verbleiben mit Augen und Händen an Ort und Stelle.

Dies sollten Sie vorher üben. Sie können diesen Trick auch an anderen Körperregionen anwenden, je nachdem, welche sich für Sie gut anfühlen. Das Kneifen an der Körperperipherie ist die einfache Übung, die im Notfall auch vor Ort ausprobiert werden kann.

Das war unsere kleine Hausapotheke gegen Lampenfieber. Bitte verwenden Sie sie nur, wenn es Ihnen ansonsten körperlich und seelisch gut geht. Sollten Sie bei sich oder Ihren Mitmenschen den Verdacht haben, dass eine Krankheit hinter bestimmten Symptomen steckt, konsultieren Sie bitte einen Arzt.

> Denken Sie daran, vor allem auszuatmen. Nehmen Sie sich ein paar Sekunden, schauen aus dem Fenster und atmen Sie langsam aus.

Woche 5

Nach der Kundenpräsentation gilt es, die gewonnenen Erkenntnisse auszutauschen und die richtigen Schlüsse für die weiteren Angebotsphasen zu ziehen. Eine strukturierte Kommunikation ist dabei besonders wichtig. In vielen Fällen wird der Kunde bei der Lösung von Unklarheiten behilflich sein, wenn er offen angesprochen wird. Im Angebotsteam gilt es, das bisherige Vorgehen zu hinterfragen und auf Basis der Erkenntnisse eine gemeinsame Richtung festzulegen und zu festigen. Das Hauptaugenmerk sollte darauf gerichtet sein, die eigene Organisation angemessen zu informieren und die Hoheit nicht dem Flurfunk zu überlassen.

5.1 Nachbesprechung

Der erste Schritt des Prozesses ist die zeitnahe Analyse und Bewertung der Präsentation Im Idealfall findet sie so bald wie möglich nach dem Präsentationstag statt. Auf diese Weise bleibt das Wesentliche im Gedächtnis. Als Teilnehmer sind die Erinnerungen noch frisch genug, um nichts Wesentliches zu vergessen.

Dabei werden die unterschiedlichen Wahrnehmungen aller Beteiligten berücksichtigt. So kann ein Moderator den Termin oder die Reaktionen einzelner Personen im Meeting ganz anders wahrnehmen als die Zuhörer.

Beziehen Sie nicht nur die eigentliche Veranstaltung, sondern auch die Vorbereitungsphase mit ein. Was ist gut gelaufen, was könnte optimiert werden? Hierfür bietet sich eine Feedbackrunde an. Das bedeutet, dass jede Teilnehmerin und jeder Teilnehmer drei bis fünf Minuten Redezeit erhalten. In dieser Zeit darf niemand unterbrochen werden und es dürfen auch keine Kommentare oder Bewertungen abgegeben werden.

© Der/die Autor(en), exklusiv lizenziert an Springer Fachmedien Wiesbaden GmbH, ein Teil von Springer Nature 2026
G. Köhler et al., *Ausschreibungen gewinnen*, essentials,
https://doi.org/10.1007/978-3-658-50923-1_5

Die Bereitstellung relevanter Informationen für das erweiterte Team und relevante interne Stakeholder ist Teil der Nachbesprechung. Dieser Part erfolgt idealerweise strukturiert im Anschluss. Unserer Empfehlung folgend, reist lediglich ein kleines Team zum Kunden. Es ist wichtig, dem gesamten Angebotsteam mitzuteilen, was passiert ist. So kann das erweiterte Team indirekt an diesem Termin teilhaben. Dies sollte unabhängig davon geschehen, ob der Kundentermin positiv verlaufen ist oder nicht. Wenn das Team nicht angemessen informiert wird, werden sich Gerüchte verbreiten und der Zusammenhalt leidet. Ein großes Angebotsteam hat in der Regel mehrere Wochen an dem Angebot und dem Inhalt der Präsentation gearbeitet. Mangelnde Kommunikation führt zu Frustration und Motivationsverlust.

Der Fokus in dieser Nachbesprechung liegt auf den fachlichen bzw. inhaltlichen Themen. Dazu gehören Themen wie:

- Haben wir die richtige Lösung in der richtigen Art und Weise vorgestellt?
- Haben wir die Anforderungen des Kunden verstanden?
- Wie waren die Reaktionen der Teilnehmenden von der Kundenseite?
- Welche Aufgaben wurden verteilt und welche Nachfolgeaktivtäten sind entstanden?
- usw.

Übergeordnete Themen werden in solch einer Nachbesprechung zwangsläufig ebenfalls angesprochen. Diese sollten nach Möglichkeit in die Retrospektive (siehe Abschn. 6.1), verschoben und dort besprochen werden. Typische Themen für Retrospektiven sind:

- Umfang, Inhalte und Struktur der Präsentation
- Genereller Ablauf der Vorbereitung
- Zusammensetzung des Präsentationstermins
- Usw.

> Ein zeitnahes, transparentes Feedback mit allen Blickwinkeln fördert das Lernen und motiviert das Angebotsteam.

5.2   Das Protokoll nachbereiten

Für die Nachbereitung kommt wieder das Protokoll ins Spiel. Lassen Sie es von allen Beteiligten prüfen und gegebenenfalls ergänzen. Vergessen Sie nicht, das Protokoll auch dem Kunden zur Prüfung und Freigabe zu schicken.

Verteilen Sie die Aufgaben aus dem Protokoll auf konkrete Personen oder Teams. Nutzen Sie die Ihnen vertrauten Tools zur Nachverfolgung, z. B. einen Action-Tracker oder ein Kanban-Board. Informieren Sie gezielt über getroffene Entscheidungen, erhaltene Informationen und Änderungen aus dem Meeting. Sofern diese für die Anpassung der Lösung, die Kostenkalkulation oder Vertragsangelegenheiten relevant sind.

Woche 6

Die letzte Woche dieses Buchs ist einer Retrospektive gewidmet. In der Retrospektive sollte der Fokus weg von der aktuellen Kundensituation und hin zu allgemeinen Themen der Zusammenarbeit im Team und mit seinen Nachbarn, d. h. den Kundenvertretern, dem eigenen Management, den Delivery-Teams, den Partnern usw. gehen.

Der Unterschied zwischen Review und Retrospektive ist der Blickwinkel. Ein Review konzentriert sich auf die konkrete Angebotspräsentation und deren Ergebnisse. Eine Retrospektive bezieht sich auf die kontinuierliche Verbesserung der Zusammenarbeit.

Der Unterschied zwischen einer Retrospektive und den häufig praktizierten Lessons Learned besteht darin, dass die Erfahrungen der Teams genutzt werden, um gemeinsam mit den Teams Verbesserungen anzugehen. Während Lessons Learned meist Sammlungen von Erfahrungen, Erkenntnissen, Ratschlägen, Misserfolgen und Risiken aus Projekten sind. Sie werden meist projektübergreifend in tabellarischer Form gesammelt, strukturiert, zusammengefasst und ausgewertet. Abgeleitete Verbesserungsmaßnahmen werden in der Regel delegiert.

6.1 Retrospektive

Nehmen Sie sich Zeit um innezuhalten und darüber nachzudenken, was gut gelaufen ist und was verbessert werden kann. Obwohl in manchen Organisationen viele Verbesserungsmöglichkeiten außerhalb des Einflussbereichs des Teams liegen, fördert eine Retrospektive kontinuierliches Lernen und Anpassen, was für ein erfolgreiches Presales-Team entscheidend ist.

Manche Probleme sind nicht vom Team beeinflussbar, wie z. B. die seit Jahren bekannte, viel zu späte Einbindung des Presales in einen Ausschreibungsprozess. Solche Probleme können im Rahmen einer Retrospektive auf ihre Ursachen hin analysiert werden. Es können Lösungsoptionen vorgeschlagen werden. Dabei gibt es Lösungsideen, die das Team selbst umsetzen kann und Lösungsansätze, die in diesem Beispiel bei der Vertriebsleitung liegen dürften.

Unsere Erfahrung mit solchen hartnäckigen Problemen ist, dass die Kommunikation von intelligenten Ursachenanalysen inkl. Lösungsvorschlägen an das Top-Management gewichtig ist. Wenn das Team flankierend Engagement zeigt und z. B. als Umgehungslösung eigenständig Opportunities überwacht und dem Vertrieb hinterher telefoniert. Eine solche Aktivität bleibt nicht unbemerkt und wirkt als Verstärker, so dass das Management sich irgendwann ernsthaft mit dem Problem auseinandersetzt.

Wir wollen nicht zu viel Zuversicht verbreiten. Die großen Mühlsteine mahlen langsam, Geduld und Beharrlichkeit sind gefragt. Aber zusammenfassend können wir festzuhalten, dass Retrospektiven funktionieren.

Wenn sie auf diese Weise auch hartnäckige Probleme angehen, hat das noch einen zweiten Effekt. Nach ihrer nächsten Angebotspräsentation werden sie in der Retrospektive nicht wieder lange über die späte Einbindung lamentieren, sondern ihre Zeit sinnvoller nutzen, um sich konkreteren Problemen zu widmen. Dieser Effekt ist sehr heilsam und hilft, einen aktiven Fokus im Team aufzubauen.

Wir hoffen ihnen mit dieser Einführung Retrospektiven schmackhaft gemacht zu haben. Fassen wir nun einmal zusammen, was die wichtigsten Aspekte von Retrospektiven sind:

1. **Kontinuierliche Verbesserung**: Durch regelmäßige Reflexion können Teams ihre Prozesse, Abläufe und Arbeitsweisen kontinuierlich verbessern.
2. **Teamzusammenhalt**: Retrospektiven helfen dabei, sich im Team auszutauschen, zu verstehen und den Zusammenhalt zu stärken.
3. **Problemerkennung und -lösung**: Probleme und Hindernisse werden gemeinsam erkannt, Lösungen werden erarbeitet und Maßnahmen geplant.
4. **Transparenz und Vertrauen**: Offene Kommunikation in einer sicheren Umgebung während der Retrospektive schafft Transparenz und stärkt das Vertrauen im Team.

Eine Retrospektive ist eine Veranstaltung des gesamten Teams ohne Führungskräfte oder Stakeholder. Diese dürfen vom Team zu dem Event eingeladen werden. Dennoch muss ein solches Event unbedingt vorbereitet werden. Idealerweise findet sich im Team ein Moderator oder es gibt innerhalb der Firma Coaches oder Scrum Master, die einen solchen Termin durchführen können. Auch, wenn Ihr Angebotsprozess eher klassisch abläuft, so kann die Retrospektive von einem Scrum Master durchgeführt werden. Falls Sie die Moderation übernehmen, schauen Sie sich die wichtigsten Elemente von agilen Retrospektiven ab. Material dazu gibt es massenweise im Internet.

Im Folgenden werden die wichtigsten Schritte einer Retrospektive aufgezeigt:

1. **Vorbereitung**: Der Moderator bereitet die Retrospektive vor, indem er sich einen Typ der Retrospektive vornimmt, Zeiten und Time-Boxes definiert und Material vorbereitet.
2. **Sammeln**: Das Team trifft sich und diskutiert die vergangenen Arbeitsphasen, identifiziert Erfolge und Herausforderungen.
3. **Erkenntnis**: Ursachen und Probleme erkennen, positive Aspekte und Chancen wahrnehmen. Es geht darum, die eigentlichen Ursachen zu finden, um Maßnahmen definieren zu können.
4. **Maßnahmenplanung**: Gemeinsam werden konkrete Verbesserungsmaßnahmen beschlossen sowie die Art der Nachverfolgung und Verantwortlichkeiten festgelegt.
5. **Nachverfolgung**: Der Fortschritt der beschlossenen Maßnahmen wird mindestens in den folgenden Retrospektiven überprüft.

Die Problembereiche einer Retrospektive sind virtuelle Teams, Zusammenarbeit, Abläufe und Prozesse, Werkzeuge, Methoden, Vorlagen, Fähigkeiten, Ausbildungsstand, Wissensaustausch, soziales Umfeld, Missverständnisse, Vertrauensbildung, Erfahrungen.

Eine Gliederung auf einem Whiteboard könnte je nach Art der Retrospektive folgende Inhalte aufweisen: Was ist gut gelaufen und sollte ausgebaut werden? Was war gut und sollte beibehalten werden? Was war unnötig und sollte reduziert werden? Was war nicht gut und sollte beendet werden? Was sollte eingeführt oder ausprobiert werden? Was wurde nicht genutzt, obwohl es nützlich ist?

Das sind die typischen Fehler in einer Retrospektive:

1. **Mangelnde Vorbereitung**: Ohne ausreichende Vorbereitung kann die Retrospektive unstrukturiert und ineffektiv sein. Beginnen Sie mit kurzen Retrospektiven von zwei Stunden und bereiten Sie diese besonders gut vor.
2. **Unregelmäßige Durchführung**: Unregelmäßige oder zu kurzfristig angekündigte Retrospektiven mit wenigen Teilnehmern verhindern eine kontinuierliche Verbesserung. Planen Sie bereits im Angebotsprozess einen festen Termin ein.
3. **Fehlende Offenheit**: Wenn die Teammitglieder nicht offen über Probleme sprechen wollen, können diese nicht gelöst werden. Sichern Sie ihnen absolute Anonymität zu und suchen Sie sich einen starken Partner im Management, der ihnen als Pate zur Seite steht.
4. **Keine Maßnahmen**: Wenn keine konkreten Maßnahmen beschlossen werden, bleibt die Retrospektive wirkungslos. Zumindest sollte eine Problemanalyse durchgeführt werden, in der Ursachen und Lösungsalternativen herausgearbeitet werden.

> Hinweis: Wir hören oft, dass Retrospektiven in einer Organisation sinnlos sind, weil man mit virtuellen Angebotsteams arbeitet. Das heißt, die Teams setzen sich bei jeder neuen Ausschreibung neu zusammen. Unsere Erfahrung ist, dass selbst bei sehr großen Dienstleistern eine gewisse Stabilität im System vorhanden ist. Wir können garantieren, dass Retrospektiven auch bei stark wechselnden Teams einen Lerneffekt haben. Allerdings kann es bei großen Organisationen sinnvoll sein, sich zu überlegen, wo Retrospektiven sinnvoll angesiedelt sind und welcher Teil der Organisation am besten geeignet ist, das Wissen zu sammeln und Maßnahmen zu verfolgen. Dies muss nicht immer das Angebotsteam sein.

6.2   Retrospektiven vs. Lessons Learned

Wir kennen von einigen Unternehmen die Idee, eine Lessons Learned Datenbank, eine Art Wissensdatenbank zu Ausschreibungsprozessen, einzurichten. In der Regel werden in solchen Datenbanken Erfahrungswerte, Einsichten, Tipps, Fehler und Risiken gesammelt. Diese Daten werden meist nur kategorisiert. Für welchen Personenkreis, für welche Art von Ausschreibung dieses Wissen nützlich ist, bleibt in vielen Fällen offen. Auch Herausforderungen, Problemlösungsalternativen und Maßnahmen werden dort nicht oder nur unzureichend abgebildet. Am Ende bleibt eine allwissende Müllhalde (Wikipedia, Allwissende Müllhalde, 2006).

Wissen muss kuratiert werden. Beginnen Sie mit dem Aufbau eines Grundwissens für junge Presales-Berater und Bid Manager. Fügen Sie nur qualitativ hochwertige Wissensartikel hinzu und überarbeiten Sie vierteljährlich veraltete Artikel. Der beste Start für dieses Wissen ist ein kompaktes Buch über die perfekte Angebotspräsentation.

Regelmäßig durchgeführte und sorgfältig vorbereitete Retrospektiven im Team ermöglichen neue Perspektiven und sind von zentraler Bedeutung für eine nachhaltige Lernkultur innerhalb der Organisation.

Fazit 7

Wir hoffen, dieses Essential hat Ihnen gefallen und ist für Ihren Arbeitsalltag wirklich nützlich. Die vorgestellten Methoden, Tipps und Impulse unterstützen Sie dabei, Präsentationen moderner, kundenorientierter und wirkungsvoller zu gestalten. Ihre Reise geht weiter: Mit Offenheit für neue Ansätze, kontinuierlicher Reflexion und dem Austausch im Team entwickeln Sie Ihre Präsentationskompetenz und Kundennähe stetig weiter. Bleiben Sie neugierig und gestalten Sie die Zukunft aktiv mit!

8 Cheat-Sheet

8.1 Vorgehensweisen kompakt

Siehe Abb. 8.1

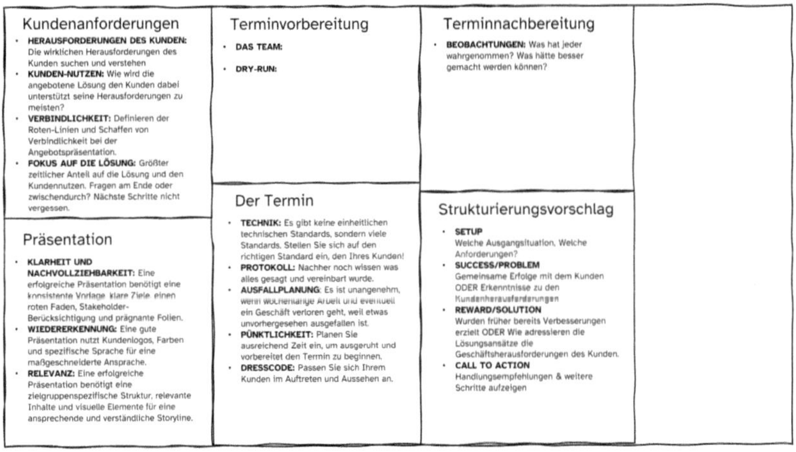

Abb. 8.1 Cheat-Sheet Vorgehensweisen kompakt

G. Köhler et al., *Ausschreibungen gewinnen*, essentials, https://doi.org/10.1007/978-3-658-50923-1_8

8.2 Cheat Sheet zum Ausdrucken

Das nachfolgende Cheat-Sheet darf mit Kauf dieser Ausgabe beliebig für eigene Zwecke kopiert und verwendet werden. Eine Weitergabe an Dritte oder Verwendung ohne vorherige Zustimmung der Autoren ist nicht gestattet (Abb. 8.2).

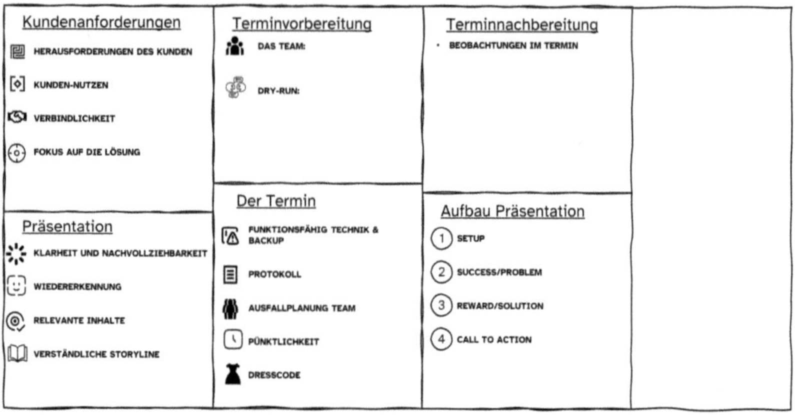

Abb. 8.2 Cheat-Sheet Druckvorlage

Was Sie aus diesem *essential* mitnehmen können:

- Wie Sie Ihre Angebotspräsentationen gezielt auf den Kundennutzen und individuelle Erwartungen zuschneiden.
- Praktische Methoden für Teamarbeit, Rollenverteilung und professionelle Vorbereitung.
- Innovative Ansätze wie Storytelling und KI für moderne, überzeugende Präsentationen.
- Strategien für nachhaltige Wirkung, Nachbereitung und kontinuierliche Verbesserung im Ausschreibungsprozess.

Literatur

Gray, J. (1987). The psychology of fear and stress. Cambridge: Cambridge University Press.

Johnson-Miles, T. (2022). The Ethos, Pathos, Logos: Journal of Reflection. Independently published.

Rosa, H. (2016). Resonanz: Eine Soziologie der Weltbeziehung. Suhrkamp Verlag.

Simmons, J. (26. 8 2025). presentation guy. Von www.presentationguy.com: https://www.presentationguy.com abgerufen am 26.11.2025

Unbekannt. (15. August 2008). Bill Gates, Windows 98, Blue Screen of Death. Von Bill Gates, Windows 98, Blue Screen of Death: https://www.youtube.com/watch?v=IW7Rqwwth84 abgerufen am 26.11.2025

Watzlawick, P. (2015). Man kann nicht nicht kommunizieren. Hogrefe AG.

Wikipedia. (2006). Allwissende Müllhalde. Von Allwissende Müllhalde: https://de.wikipedia.org/wiki/Allwissende_M%C3%BCllhalde abgerufen am 26.11.2025

MIX
Papier aus verantwortungsvollen Quellen
Paper from responsible sources
FSC® C105338

FSC
www.fsc.org

If you have any concerns about our products,
you can contact us on
ProductSafety@springernature.com

In case Publisher is established outside the EU,
the EU authorized representative is:
**Springer Nature Customer Service Center GmbH
Europaplatz 3, 69115 Heidelberg, Germany**

Printed by Libri Plureos GmbH
in Hamburg, Germany